〈シリーズ監修〉二村 健

ベーシック司書講座・図書館の基礎と展望 4

情報サービス論

竹之内 禎〈編著〉

学文社

〈ベーシック司書講座・図書館の基礎と展望〉 緒　言

　本シリーズは，新しい司書課程に照準を合わせて編纂した。周知のように，平成20年6月11日，図書館法が改正，ただちに施行された。そのなかで，第5条だけが平成22年4月1日の施行となった。当然，22年から新しい司書課程を出発させなければならないと考え，諸準備に没頭した。しかし，実際に蓋を開けてみると，さらに2年先送りされ，全国的な実施は平成24年からとされたのである。私の所属する大学では，すでにさまざまな準備に着手していたので，旧法の下で，新しいカリキュラムを実施することを選んだ。つまり，全国より2年先駆けて司書課程を改訂したのである。

　もちろん，そのためのテキストはどこにもなく，最初の授業は板書とプリントでおこなった。このシリーズの各巻には，実際に授業をおこなった試行錯誤が反映されている。授業の羅針盤は，図書館界に入った多くの卒業生の存在である。この実績が私たちの支えである。

　この間，これからの図書館の在り方検討協力者会議では，議論の末，司書課程の位置づけが変わった。これまでの司書課程は，現職の図書館員に資格を与えることを目的に，司書講習で講述される内容と相当な科目を開設している大学で，司書資格を与えることができるとされていた。新しい司書課程の位置づけは，図書館員としての長い職業人生（キャリア・パス）の入り口を形成するというものである。大学生は社会人未満である。社会人である現職図書館員との違いをどこにおくか，これが新しい司書課程の核心である。

　その違いをシリーズ名に表したつもりである。これからの司書課程では，キャリア・パスの入り口を形成するための基礎・基本の講述が重要である。何よりも図書館の意義を理解し，図書館を好きになってもらわなければならない。その後に，図書館員としての長い職業人生が待っている。そして，それに向けての展望がなければならない。以下に本シリーズの特徴を記す。

- **内容の厳選**：これまでの司書課程の教科書は，現職者向けという性格上仕方がなかったが，とにかく内容が高度であり，詰め込みすぎた観がある。それを，3月まで高校生であった新入生にもわかりやすい内容にまとめることをめざした。そのため，できるかぎり，内容を厳選する必要があった。どれも大事に思えたなかで，何を削ぎ落とすかで非常に悩んだ。新しい研究成果を取り込むのは当然としても，これに振り回されて総花的になることは避けたかった。普遍性のあるものは，古いものでも残すことにし，温故知新を大事に考えた。
- **1回の授業＝1章**：最近の大学では授業を15回きちんとおこなうことが徹底されている。そこで，本シリーズも15章立てにし，1回の授業で取り上げる内容を1章に記すことにした。実際の授業は，受講者の反応をみては重要なポイントを繰り返して説明したり，ときには冗談を言ったりしながら進む。90分間で講述できることは思った以上に少ない。参考になったのが，放送大学のビデオ教材を制作したことである。本シリーズでは，放送大学の教科書よりは，

さらに文字数を少なめに設定した。その分，担当教員の工夫次第で，確認小テストをしたり，ビデオや写真などを利用して授業が進められるよう，余裕をもたせた。

- **将来を見据えた展望**：多くの大学では，15回目の授業を試験に当てることがおこなわれている。そこで，各巻の最後の章は，その分野の展望を記すことにした。展望とは，今後どうなっていくかの見通しである。あるいは，未来予測に属することが含まれ，予測ははずれることもあるかもしれないが，できるだけ新しい話題を盛り込んだつもりである。シリーズ名の意図をはっきりさせるためでもある。
- **わかりやすい図表**：直感的にわかるように，図表を豊富にいれることを各執筆者にお願いした。図表も大きく見やすく掲載できるように，判型も通常の教科書に多いA5判ではなくB5判を採用した。
- **豊富な資料**：実際の授業では，教科書のほかに，教員がプリントを配布したり，パワーポイントのスライドで補足したりと，さまざまである。教科書といいながら，『図書館法』の全文すら資料として掲載していないものがあるのは，どこか違うと思っていた。そこで，できるだけ，教員がプリントを作らなくてもすむように，資料集を充実させることに努めた。
- **参考文献**：これからの司書課程は，図書館員としてのキャリア・パスの入り口を形成するものである。平成20年の図書館法改正で明記されたが，図書館員になっても，研修会に参加するなど，各自の務めとして研鑽を積む必要がある。内容を精選した分を，参考文献を読んでいただくことによって，補えるように配慮した。参考文献は入手可能という点を第一に考えた。
- **自宅学習のための設問**：90分の授業に30分の自宅学習，併せて2時間が1コマの学習である。そのため，各章ごとに設問を2問程度用意した。このことにより，通信教育の学生にも利用していただけると思う。

本シリーズは，文部科学省令に規定された全ての科目を網羅するものではない。不足の部分は，他の専門家の学識に委ねたい。不完全ながらも，本シリーズが日の目を見ることができ，シリーズ各巻の執筆者に深甚なる謝意を表する。このシリーズがわが国の司書養成に役立つことを願うのみである。

　　　　　　　平成23年6月6日

　　　　　　　　　　　　　　　　　　　　　　　　　　　　　　二村　健

第4巻 『情報サービス論』 巻頭言

　本書では，まず，「情報サービスとは何か」を考える前提として，「情報とは何か」「サービスとは何か」という本質論から語り起こした。情報とは，単なる「物体」ではなく，目に見えない，心のなかの「意味作用」であること。サービスとは，心を尽くして相手に便宜（べんぎ）をはかる行為であること。したがって情報サービスの本質は，単に「物体」としての資料を利用者に渡せばよいのではなく，図書館員の側が相手を理解することに努め，相手にとって本当に有用と思われる，信頼できる情報・情報資源を，知識を総動員して提供することである。このことは，いくら強調してもしすぎることはない。

　「情報」とは，じつは断片的な刺激にすぎない。それが，さらに利用者の内面において，有機的につながって一定の認識を形成したときに，初めて「知識」となるのである。

　その点でこれからの図書館は，従来の図書館が知識の集積である「図書」を中心に扱ってきたのに対し，従来の紙媒体の資料に加え，視聴覚資料，電子資料，ネットワーク情報資源という，断片的な「情報・情報資源」を大々的に扱うことになる。しかしその際，「情報」と「知識」のちがいについては，ぜひ念頭においていただきたいのである。

　「情報サービス」は，「知識」を形成する「もととなる情報」を提供するのが務めである。情報を，さらに「知識」にまで練り上げていくのは，利用者一人ひとりの内面的活動である。図書館員の情報サービスは，「知識形成のための支援」であることを忘れてはならない。単に情報・情報資源を提供し，それで満足してはならない。「知識形成」に役立ったかどうか，ひいては「生きるうえでの智恵の一部になったかどうか」，この点が，まさに図書館における情報サービスの成否の要であるのだ。

　筆者は，本シリーズ監修者で第1巻『図書館の基礎と展望』の著者でもある二村健先生の司書教育にかける意気込み，図書館と民主主義社会を愛する魂の声に感動して，微力ながらもこのシリーズ企画に参画させていただきたいと思い，本書編者の重責を担うことを決意した。このような機会をいただいた二村健先生に，心からの敬意と御礼を申し上げたい。

　また本書は，共著者各位の協力がなければ，決して上梓されることはなかった。ここに記して，各位の専門知識を十二分に生かしての理解あるご協力に心から御礼を申し上げたい。

平成25年8月

竹之内　禎

目　次

シリーズ緒言　1
第4巻『情報サービス論』巻頭言　3

第1章　情報社会と図書館の情報サービス……………………………6
1．情報を「伝える」ということ　(6)　2．情報社会と情報リテラシー　(7)
3．ライブラリアンシップと図書館の情報サービス　(9)

第2章　図書館における情報サービスの種類……………………………12
1．直接サービスと間接サービス　(12)　2．直接サービス　(13)
3．間接サービス　(14)　4．課題解決支援サービス　(16)

第3章　図書館における情報サービスの理論的展開……………………18
1．レファレンスサービスの定義　(18)　2．図書館の種類と重視される情報サービス機能　(20)　3．図書館の機能とレファレンスサービス理論　(21)

第4章　レファレンスサービスの理論と実践……………………………24
1．図書館の教育機能と情報提供機能　(24)　2．人的援助と物的援助　(25)
3．レファレンスサービスの実践　(26)　4．レファレンス"力"　(29)

第5章　レファレンスサービスの実際……………………………………32
1．レファレンスサービスと「発想ひまわり」　(32)　2．レファレンスインタビュー　(33)
3．レファレンスサービスの回答制限と回答除外　(36)

第6章　情報検索サービスの理論と方法…………………………………38
1．論理演算（ブール演算）　(38)　2．トランケーション　(40)
3．精度と再現率　(41)

第7章　各種情報源の特質と利用法（1）―情報メディア・文献を探す―………44
1．レファレンスツールの種類　(44)　2．書　誌　(45)　3．目　録　(46)　4．著作権フリーの電子図書館　(48)　5．情報メディア・文献の検索から入手まで　(50)

第8章　各種情報源の特質と利用法（2）―論文・記事を探す―………52
1．専門的な論文，学術・文化に関する記事　(52)　2．一般的な社会・芸能に関する記事　(54)　3．論文・記事の検索から入手まで　(56)

第9章　各種情報源の特質と利用法（3）―事項・事実の検索―………58
1．事項検索のレファレンスプロセス　(58)　2．ネットワーク情報資源の特質　(59)
3．ネットワーク情報資源の種類と利用法　(60)

第10章　各種情報源の評価と解説…………………………………………64
1．レファレンスブックの評価　(64)　2．レファレンスブックの解説　(65)

第11章　各種情報源の組織化………………………………………………72
1．情報資源の「組織化」とは　(72)　2．情報サービスにおける情報資源の組織化の意義と役割　(73)

第12章　発信型情報サービスの意義と方法 …………………………………78
1. 発信型情報サービスの意義　(78)　2. Webサイトを通じた発信型情報サービス　(79)
3. 電子メールを通じた発信型情報サービス　(81)　4. パスファインダーを通じた発信型情報サービス　(82)　5. 新しい情報メディアの紹介　(84)

第13章　情報サービスにかかわる知的財産権の基礎知識 ……………………86
1. 知的財産権とは　(86)　2. 意匠権　(87)　3. 肖像権　(88)
4. 著作権　(89)　5. パブリックドメイン (public domain)　(90)

第14章　図書館利用教育と情報リテラシーの育成 ……………………………92
1.「図書館の使い方」から情報リテラシーの育成へ　(92)　2. 公共図書館における情報リテラシーの育成　(94)

第15章　展　望 …………………………………………………………………98
1. IT社会と図書館　(98)　2. これからの情報サービス　(99)
3. 情報の専門家として　(102)　4. 文化の継承者として　(104)

巻末資料 ………………………………………………………………………105

1. 中田邦造「読書の意味を省みて図書館関係者の任務をおもう」(105)	2. NDL-OPAC　(106)
3. 主な図書館のOPAC画面　(108)	4. 東京都立図書館統合検索　(109)
5. 点字一覧表　(110)	6. 調布市立図書館の「新着図書通知案内」(111)
7. 福井県立図書館の「パスファインダー＜例＞」(111)	8. 図書館における情報リテラシー教育支援サービスの目標と方法　(112)

　　索　引 ……………………………………………………………………119

情報社会と図書館の情報サービス

　本章は，図書館における情報サービスについて学ぶ最初の一歩である。基本となる言葉の意味を考えてみる。単に物体としての資料を提供するだけでは，本当の意味での情報サービスにはならない。情報サービスとは「相手の理解を助けるための働きかけ」であること，相手にとって価値のある事柄を認識してもらって，はじめて情報サービスといえるのだということを理解しよう。

第1節　情報を「伝える」ということ

　最初に，「情報」という言葉の意味について考えてみる。日常的に使われる「○○情報」「情報△△」という言葉からは一旦離れて，学問的にその原義を追うことにする。

a. 情 報

　情報とは，私たちの内部に意味を形成する作用であり，なんらかの意味のある認識を形成させる刺激である。英語の情報（information）は，私たちの内部（in）につくられるかたち（form），すなわち「価値」をもたらすものである。情報とは，モノ（物質，物体）それ自体ではない。

　誰にも見つけられず誰にも認識されない文書があったとしても，それが誰かに発見されて読まれないかぎり，そこから人にとっての意味が形成されないため情報が刻まれているとはいえない。そのようなものが存在していても，それは，地球上のどこかの空間の一部を占める物質であり，植物繊維とインクの混合物であるにすぎない。

　逆に考えてみると，身の回りで情報と呼ばれるものは，「私たちがそれを意味あるものだと認識しているから，情報といえるのだ」ということがわかる。インターネット上の情報も，テレビの情報も，携帯端末の情報も，私たちが情報と呼んでいるものは，私たちがそこから刺激を受けて，私たちの内部でなんらかの意味が形成されるからこそ，情報といえる。意味が形成されないままの媒体は単なる物質，物体なのである。情報の本質が「価値」をもたらすものであることを最初に理解しなければならない。

　他方，現代社会ではいたるところにコンピュータが存在し，それらは情報処理機械として位置づけられているので，コンピュータが処理するものこそ，情報だと考える人もいるかもしれない[1]。しかし，よく考えれば，コンピュータの情報も，最終的には，人々が生きていくなかで意味を感じ役立つように処理されているのであり，コンピュータのなかの情報は意味が一時的に「潜在化」していると見なすことができる[2]。

b. 情報伝達

　情報が個人内部で形成される意味をもたらすものならば，そのような情報は各人各様であり，

伝え合うことは困難である。だから私たちは，相手の内部に形成される意味を想像しながら，なんらかの表現を通じて互いに働きかけ，またその働きかけを受けることによって，自らの内側に意味を形成する。このようにして，共通のもの（common）がつくり上げられたと感じられるようにすることが「コミュニケーション」（communication）である[3]。

　コミュニケーションをおこなうに際しては，自分勝手に伝えたい内容を表現するのではなく，「この表現によって，相手がどのように受け止め，どのように理解するか」を前もって予想し，最も適切な方法を探りながら働きかける必要がある。そうしなければ，コミュニケーションは成功しない。「（古典作品の）『大鏡』はどこにありますか」と尋ねてきた利用者に対して，よく確かめもせず，大きな鏡が置いてあるトイレの位置を案内すれば蹴とばされても仕方がない。

　私たちは互いに独立した生命体であり，直接には内部の情報・意味を共有することができない。相手を理解する手がかりは間接的にしか与えられない。このことを忘れず，「どのように働きかければ相手にとっての役立つ情報となりうるか」という視点を常に考えなくてはならない。これが情報サービスをおこなううえでの根本的な姿勢である。

第2節　情報社会と情報リテラシー

a. 情報社会とは何か

　現代社会は，「情報社会」（information society）であるといわれる。この言葉は，1960年代からしばしば使われており，農業社会や工業社会とちがい，情報の生産を中心とする社会をさしている。農業社会とは土地を使った作物の生産と消費を中心とした社会のことで，工業社会は蒸気機関などの機械を使った工場で大量に製品をつくること，それらの製品の消費を中心とした社会である。そして，その工業社会の次に，知識・情報が鍵となる社会が来るということであった（図1-1）。1960年代は，日本においてテレビが普及しはじめたころであり，新聞や雑誌などの出版産業も活況を呈していた。そうしたマスメディアの産業は，作物や製品をつくるのではなく，情報を生み出し人々に消費してもらうことで成り立っていた。こうしたありさまをさして情報社会という言葉が使われるようになったのである。

図1-1　情報社会への移り変わり

　情報社会といわれはじめた1960年代以降，公共図書館も全国に普及し，図書館を通じて提供される資料も増え続けている。図1-2は，公共図書館のうち市町村立図書館の蔵書の総冊数を示したグラフである。1967（昭和42）年の時点では1430万冊だったが，2010（平成22）年には3億4931万冊に上っている。25倍近い増加である。公共図書館全体の蔵書は毎年確実に増加しているのである。

　また，コンピュータの利用が業務用から個人レベルにまで拡大したことを受けて，現在，コン

ピュータが処理する情報の量も加速度的に増加している。今日では，コンピュータで処理される大量のデジタルデータが社会に大きな影響力をもっていることをさして，「情報社会」といわれることも多い。コンピュータを利用して，人々がウェブログ（ブログ）やSNS（ソーシャルネットワーキングサービス），ツイッター（マイクロブログ）などで簡単に情報発信できるようになり，またインターネットの通信速度が上がって動画や音楽なども比較的容易にアップロード／ダウンロードできるようになった。また，電子書籍や電子ジャーナルが普及しつつあり，本や雑誌を「つくる」場面だけでなく，「読む」場面でもデジタル化された環境が広がってきている。

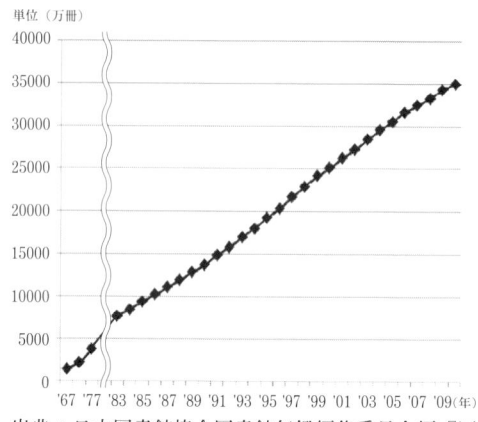

出典：日本図書館協会図書館年鑑編集委員会編『図書館年鑑』に掲載されたデータをもとに作成

図1-2　公共図書館の蔵書数の増加

　デジタルデータの増大はとどまることを知らない。「情報爆発」（information explosion）の時代である。こうしたなかで，コンピュータによって社会に送り出される情報があふれすぎて，自らにとって価値を帯びる情報が得にくくなっている事態も生じている。「情報過多」「情報洪水」と呼ばれる事態である。こうした状況は情報社会の問題点といえよう。

　情報社会には光と影がある。"光"つまり明るいプラスの面は，インターネットなどの情報通信技術が発達し，情報公開制度が整備され，情報利用やコミュニケーションの面でさまざまなメリットを享受できる便利な面のことである。他方，"影"つまり暗いマイナスの面は，情報過多や情報洪水だけでなく，ネット中毒やネット犯罪，個人情報漏えいのリスクなど，情報社会特有の問題をさす。

b. 情報リテラシー

　日進月歩で変化していく情報社会をよりよく生きるためには，「情報リテラシー」（information literacy）を高める必要がある。literacyとは，本来，識字すなわち「読み書き能力」という意味である。転じて，「○○リテラシー」といった場合には，「○○に関する基礎的能力」という意味をもっている[4]。情報社会においては，情報に関する基礎的能力，つまり，自力で情報を得る，得た情報について分析・評価・加工する，自ら情報を発信するなどの力が求められる。

　大学の科目で「情報リテラシー」といった場合は，「コンピュータを使うための基礎的能力」[5]という意味であることが多い。しかし，図書館の立場から見た情報リテラシーとは，それよりもずっと広範な意味であり，コンピュータの操作技術に限定されない。人々が，自らにとって有用な情報を得られる手段はコンピュータだけに限ったことではないからである。図書館において，情報リテラシーとは「さまざまな資料・情報資源を使いこなす能力」を意味している。

　さらに，情報や情報資源の利用のみならず，情報の評価加工，発信まで含める広い考え方もある[6]。このような広い意味での情報リテラシー（情報活用能力）は，次の2つの点で，図書館と

密接なかかわりをもっている。

1つは，図書館には，利用者に情報リテラシーを体得させるための働きかけが求められているという点である（「図書館利用教育と情報リテラシーの育成」については第14章）。

もう1つは，図書館の職員が情報サービスをおこなうための専門知識として，高度な情報リテラシーを身につける必要があるという点である。この点については，本科目ならびに図書館に関する科目全体を通じて基礎を身につけ，司書となる資格を取得したあとも，図書館の膨大な情報資源の蓄積を最大限に生かし，日進月歩で変化する情報社会の案内役が務まるように，研修会，研究会，講演会，セミナー，学会などのさまざまな学習の場を通じて，限りなく高めていかなくてはならない。

第3節　ライブラリアンシップと図書館の情報サービス

a. ライブラリアンシップ（librarianship）

図書館は，図書をはじめとするさまざまな図書館情報資源を利用できる場である。

近代日本の図書館界で思想的な影響を与えた中田邦造（1897-1956）は，図書，読書，図書館の本質を，大略，次のように説明している（巻末資料1参照）。

まず，「図書とは，単なる物体（インクと紙の合成物）ではなく，著者の人格・生命の表現である」という。そして，「読書とは，字面を機械的にたどることではなく，著者が人格・生命をかけて表現したかったことを，己のうちに再現することである」という。もちろん，中田も部分的な知識の断片を得るためだけの読書活動があることは認めている。しかし，重要なのは，読書は「著者の人格・生命の再現」とまでいえるような意義深い行為でありうること，図書館がその積極的な一助となりうることなのである。

中田は「図書館の本質は，建物にではなく，図書館員が担う機能にある。それは図書と人とを結びつける働きである」という。そして，そのように「図書と人とを結びつけようとする，やむにやまれぬ文化精神」を「図書館精神」と呼んだ。「図書館精神」とは，現代の図書館界で使われる言葉でいえば「ライブラリアンシップ」に近い[7]。ライブラリアンシップは，図書館員にとっての使命感を表す精神をさし，中田のいう図書館精神の中核的な部分を占めているといってもよいだろう（図1-3）。現代の図書館は，図書以外の多様な資料も備えているので，現代的にいいかえれば，図書館の本質とは，「人と資料・情報資源とを結びつける働き」といえるだろう。

b. 図書館の情報サービス

図書館精神，とりわけライブラリアンシップを発揮して，人と資料とを適切に結びつける働きかけをするためには，知識の集積された場所である図書館の情報資源を効果的に

図1-3　図書館精神とライブラリアンシップの関係

掘り起こして活用する必要がある。そのために「情報サービス」（information services）が必要となるのである。

　一般に，「サービス」とは，その対象者になんらかの便宜をはかる行為である。したがって，情報サービスは，相手が必要とする情報を得られるように便宜をはかる行為だといえる。人は，日常生活においてさまざまな問題に直面する。子育てに困ったり，レポートの文献が見つからなかったり，論文やプレゼンテーションのために必要な統計データが手に入らなかったりする。そうしたときに，その人に役立つ情報を提示することが情報サービスである。こう考えると，図書館のサービスはすべてが情報サービスといえてしまう。レファレンスサービスのみならず，貸出も，児童への読み聞かせも，障がい者サービスも，ILLも文献複写も，すべてが情報を扱っており，情報サービスである。しかし，それでは何もはじまらないのも等しいので，次のことを強調しておきたい。

　最初に述べたように，情報とは単なる物体でない。荷物の配達のようにして意味内容をそのまま伝えることはできない。図書館の情報サービスにおいては，単にモノを提供することではなく，相手が必要とする情報を推測して提供することが重要なのである。繰り返しになるが，何がその人にとって役立つ情報となるかは人それぞれであり，千差万別である。したがって，図書館員は，インタビュー（聞き取り）などをしながら利用者にとって役立つ情報を見いだしていかなければならない。相手の表情を見ながら，また会話を重ねながら，相手の要望を把握する。「子どもについて理解を深められるような資料がほしい」と言われたら，利用者との対話によって，子育ての実践に今すぐ役立つような情報を知りたいのか，それとも児童文化のレポートのための文献を見つけたいのかなどのニーズを明らかにしていくのである。

　情報サービスを提供する際，図書館が所蔵する図書，雑誌，電子資料などの図書館情報資源を参照する。そうした情報資源には，情報となりうる文字や図形などが記録されており，利用者が価値を見いだすかもしれない情報が眠っている。それらを呼びおこしていつでも適切な資料を活用できるように，図書館の職員は，さまざまな情報資源を前もって整理することに加え，その種類と活用法について知っておかねばならない。調べ物に役立つ各種のデータベースや参考図書（辞書，事典，年表，地図などの調べ物をするためにつくられた図書）について，種類や特性を把握し，また一般図書の配架場所も把握して，その時々に応じて適切なツールを選ぶことが必要である。利用者の課題を解決していくには，毎日の業務をこなしながら，調べ物に役立つ情報資源を知ること，研究することに努めていかなければならない。

　また，より積極的な働きかけとして，第12章で扱うパスファインダー（調べ方の手引き）を作成し，テーマ別の調べ方を明示しておくことも重要である。パスファインダーの作成は，利用者が自分で必要な情報を得られるような手引きとなることが主眼であるが，同時に図書館員にとって役立つ面もある。それは，テーマごとの調べ方をマニュアル化でき，似たような質問が来たら，パスファインダーを参照にして回答できるという点である。たとえば，過去に何らかの業界の事情について調べたことがあり，そのプロセスをパスファインダーに記載しておけば，類似の手段

でほかの業界の事情を比較的容易に調べることができるだろう。

　図書館が，人々にとって有用な情報サービス機関とみなされるか，単なる書庫・無料貸本屋として，いずれ不要なものとみなされるかは，ひとえに，この情報サービスの充実度，成功度にかかっているといっても過言ではない。

設問

(1) 各人の生活において，どのようなものが価値のある「情報」につながったかを具体的に考えなさい。部活動やサークル活動，進路，アルバイトなどの場面を想起するとあげやすいと思われる。

(2) 情報サービスを提供する機関として，図書館のほかにどのようなものがあるかをあげなさい。

参考文献
1. 西垣通『基礎情報学―生命から社会へ』NTT出版，2004年
2. 三輪眞木子『情報検索のスキル――未知の問題をどう解くか』中央公論新社，2003年

注)
1) コンピュータは，よく知られているように2進数を用い，すべての文字や画像，音声などを機械的に0，1で扱う。たとえば，アルファベットのAは01000001，Bは01000010といった具合である。0，1は，スイッチのON・OFFもしくは電圧の高低に対応しており，機械的な処理に適している。なお，この例で記した文字と符号の対応は，アスキーコードやJISコードにもとづいている。
2) 西垣通は，コンピュータが処理する情報のように，意味が潜在化した情報を「機械情報」と名づけた。西垣通『基礎情報学―生命から社会へ』NTT出版，2004年，pp.125-126。
3) ラテン語に語源をもつこの言葉が英語に入ってきた中世のころは，対人（たいひと）ではなく，天上の「神」との交信・共通化をさしていて人には用いなかった。その後，時代が下がるにつれて，人と人との場面にも用いられるようになったという。田中義久『コミュニケーション理論史研究（上）―コミュニオンからコミュニケーションへ』到草書房，2000年，pp.9-15。
4) このように，「その社会における基礎的能力」という意味でのリテラシー概念を「機能的リテラシー」（functional literacy）と呼ぶ。学校教育において身につけるべきだとされている基礎的能力は3R's（スリーアールズ）と呼ばれる「読み・書き・そろばん」（Read, wRite, aRithmetic）である。最後の「そろばん（計算力）」は「読み書き」という意味でのliteracyではないが，社会の一員として求められる機能的リテラシーの一部を成している。さらに，各分野で身につけておくべき基礎的能力全般のことをさして「リテラシー」と呼ぶことがある。たとえば，経済協力開発機構（OECD）が主催する国際的な生徒の学習到達度調査（PISA）においては，読解リテラシー（reading literacy）のほかに，数学的リテラシー（mathematical literacy），科学的リテラシー（scientific literacy）があげられている。このほか，デジタルリテラシー，ネットワークリテラシー，コンピュータリテラシーなどの言葉も一般に使われている。
5) これは厳密には「コンピュータリテラシー」（computer literacy）と呼ばれるべきものだが，「情報リテラシー」の名称で科目が開設されていることが多い。
6) 情報検索のスキルと「自己効力感（self-efficacy）」とを関連づけた情報リテラシー論を展開している学者もいる。たとえば，三輪眞木子『情報検索のスキル――未知の問題をどう解くか』中央公論新社，2003年，pp.108-110。なお，「自己効力感」とは「ある事柄について自分がどの程度成果を上げる能力があるかという感覚」であり，自己効力感を育むように教育することで，人生の問題解決を図るための情報スキルを身につけさせることができると論じられている。この種の議論は日本ではきわめて先駆的であり注目に値する。
7) ライブラリアンシップについては，本シリーズ第1巻（二村健『図書館の基礎と展望』学文社，2011年，pp.74-79）も参照されたい。

2 図書館における情報サービスの種類

　図書館は，利用者の多様な情報ニーズに的確に対応するために各種の情報サービスを提供する。それらの代表的な種類について理解することが本章の目標である。

第1節　直接サービスと間接サービス

　図書館がおこなう情報サービスは，「直接サービス」と「間接サービス」とに大別される[1]。なお，ここでいう間接サービス・直接サービスは，いわゆる図書館の業務モデル（本シリーズ第1巻第3章参照）でいう間接サービス・直接サービスとは次元が異なることに注意。

　直接サービス（直接的情報サービス）とは，利用者と図書館員が直に接してコミュニケーションを取りながらおこなわれるサービスである。この直接サービスは，「人対人」のサービスという意味で「人的サービス」とも呼ばれる。直接サービスには，レファレンスサービス，レフェラルサービス，カレントアウェアネスサービス，利用案内，読書相談サービスなどがある。

　他方，間接サービスは，図書館員が利用者と直接の接点をもたず，モノを介して間接的に関係している。つまり，図書館員は，利用者から寄せられるであろう情報要求をあらかじめ想定して，それに応じるための物的資源や設備を事前に準備しておくのである。具体的には，レファレンスコレクションの構築・評価，ファイル資料の作成，パスファインダーの作成などがあげられる。間接サービスは物的資源や設備としてのモノに焦点が当てられていることから，「物的サービス」とも称される（直接サービス・間接サービスを総動員した「課題解決支援サービス」については第4節）。

表2-1　図書館における情報サービスの種類

図書館における情報サービス	
直接サービス（人的サービス，パブリックサービス）	間接サービス（物的サービス，テクニカルサービス）
・レファレンス（質問回答）サービス ・レフェラル（他機関照会・紹介）サービス ・カレントアウェアネス（最新情報通知）サービス 　（SDIサービス／コンテンツシートサービス） ・利用案内（場所の案内／利用法の案内） ・読書相談	・レファレンスコレクションの構築と管理（レファレンスツールの評価） ・レファレンスツールの作成（ファイル資料／パスファインダー）
課題解決支援サービス	
・ビジネス支援サービス／法律問題支援サービス／医療問題支援サービス　など	

第2節　直接サービス

a. レファレンス（質問回答）サービス

　レファレンスサービス（reference service）は，図書館における代表的な情報サービスである。利用者からの漠然とした資料相談や，具体的な情報要求に対して，図書館員が直接回答したり，参考資料を提示したりするサービスである。このようなサービスのための空間として，図書館内には専用のカウンター（レファレンスカウンター）やデスクが用意され，専門の担当者（レファレンスライブラリアン）が配置される。利用者はここに来て資料や情報を得るための相談をおこなう。図書館に足を運ばずとも，来館しない／できない人からの質問の受付・回答が，電話や電子メールや文書などでおこなわれる（レファレンスサービスの理論と実際については第3～5章）。

b. レフェラル（他機関照会／紹介）サービス

　利用者が質問をした際に，それを受けた図書館がもつ情報資源からでは回答ができないことも起こる。この場合，図書館員は，客観的な情報資源なしで自分の記憶などにもとづいて回答することは許されないため，レファレンスサービスをおこなうことができない。そのため，利用者の質問に回答できるほかの専門機関（場所）や専門家（人）に問い合わせ（照会）をしたり，それらの情報を提供（紹介）する代理のサービスをおこなう。これをレフェラルサービス（referral service）という。referralとは「照会」および「紹介」という意味である。もし利用者が図書館に質問をしても必要な情報やその手がかりがまったく得られなければ，利用者は図書館への信頼を失い再訪しなくなる可能性もある。だがレフェラルサービスが充実していれば，利用者は「図書館に訊けば必要な情報や何らかの手がかりが得られる」という認識をもつようになる。このように，レフェラルサービスは，図書館における情報サービスの不完全な部分を補う機能を果たす。レフェラルサービスを効果的におこなうためには，専門諸機関の存在と連絡体制について図書館が日ごろから把握しておく必要がある。

c. カレントアウェアネス（最新情報通知）サービス

　カレント（current）は「最新の」という意味の形容詞であり，アウェアネス（awareness）は「気づいている」「知っている」という形容詞「aware」の名詞形である。このサービスは利用者が個別に事前に登録したテーマにもとづいて，または利用者のニーズをコンピュータが判断して，該当する資料や情報が現れたときに利用者に知らせるものである。レファレンスサービスは利用者の質問を受けて初めておこなわれるサービスであるが，カレントアウェアネスサービスは特定の利用者および利用者グループの情報要求を把握して，図書館の側から能動的に最新の情報を提供するのである。このためカレントアウェアネスサービスは，「能動的情報提供サービス」とも呼ばれる。具体的な方法として，SDI（選択的情報提供または選定情報, Selective Dissemination of Information）サービスと，コンテンツシート（雑誌最新号などの目次提供）サービスがある（カレントアウェアネスサービスについては第12章）。

d. 利用案内

利用案内[2]には，大きく分けて「場所の案内」と「利用法の案内」がある。「場所の案内」とは図書館内の施設の場所や資料の配架場所[3]，検索用コンピュータが置かれている場所などを案内することである。「利用法の案内」とは，コンピュータを使って図書館の情報資源を探索するための入力や検索の仕方を教えたり，マイクロフィルムや電子メディア，映像資料，録音資料を再生するための機器の使用法を教えたりすることである。

利用案内は，個人の申し出に応えて随時おこなわれる方法と，図書館側があらかじめ利用案内のプログラムを企画しておき，その上で利用者グループが決まった時間に案内を受けにくる図書館ツアーや図書館オリエンテーションのような方法がある。利用案内は，「図書館利用教育」（library user education），「文献利用指導」（bibliographic instruction）などとも呼ばれ，図書館における情報リテラシー教育の主要な内容となっている（図書館における情報リテラシー教育については第14章）。

e. 読書相談

利用者が漠然とした情報ニーズをもって図書を探している場合に，図書館員が利用者の相談に応じて，適切と思われる図書を紹介することを読書相談[4]という。たとえば，「税の仕組みについて，基礎からわかりやすく解説したものはないか」といった相談に答える場合，図書館員は，質問を寄せた利用者が「税についてどんなことが知りたいのか，それによって何を解決したいのか，なぜ市役所や税務署ではなく図書館に相談に来ているのか」などを，利用者のプライバシーに留意しつつ，聞き取り（レファレンスインタビュー，カバー写真）を通じて把握し，利用者のニーズに合った適切な図書をいくつか紹介する。この際，図書館員の紹介する資料はあくまでも参考であって，どれを読むかの選択権は利用者の側にある。なおニーズの内容によっては，現代では図書よりもWebサイトの情報を提供することが適切な情報サービスになる場合もある。

第3節　間接サービス

図書館が情報サービスをおこなうためには，手がかりとなる情報源の整備があらかじめなされていなければならない。そのための前提となるのが，レファレンスコレクションの構築である。さらに市販されていないレファレンスツールについては，自館で作成する必要がある。これらが間接サービス（間接的情報サービス）の内容である。

a. レファレンスコレクションの構築と管理

レファレンスコレクションとは，図書館が一定の収集方針にもとづいて，多くのレファレンスブックを収集し，組織化した資料群である。

レファレンスブック（reference book）またはレファレンスツール（reference tool）とは，レファレンスサービスの際に使用する「調べ物をするための情報源」のことで「参考図書」[5]とも呼ばれる。レファレンスツールの種類としては，事柄を調べるための百科事典，辞書，便覧，年

鑑や,文献情報を調べるための書誌,索引,抄録などがある。形態としては,印刷された紙媒体の冊子体資料か,CD-ROM 形態の電子資料のどちらかである。

構築されたレファレンスコレクションは,多くの場合,ほかの一般図書とは別置され,レファレンスカウンターなど,レファレンス質問を受け付ける図書館員(レファレンスライブラリアン)が待機している場所の近くに置かれている(この点については第 11 章第 2 節 a 項も参照)。

レファレンスコレクションの構築は,2 つの面からのアプローチが必要となる。1 つは個々のレファレンスツールの評価(有用性の判定)であり,もう 1 つはレファレンスコレクション全体の効果である。レファレンスコレクションを望ましい状態に整備するために,どのようなレファレンスツールを取り寄せたらよいか,その収集方針を設定しなければならない。その際,まず利用者のニーズが考慮される。その図書館の利用者の多くが一般的な情報を求めているのか,それとも専門的な情報を求めているのかによって,収集されるべき参考図書の種類も大きく異なってくる。つぎに,図書館運営上の予算の枠内で選書がおこなわれ,収集されるレファレンスツールが一般の図書資料と重複していないかどうかが検討される。また,どのような参考図書が利用者に頻繁に利用されているかを普段から図書館員がチェックしておくことが重要である。

構築されたレファレンスコレクションは,その有効性を定期的に評価しなければならない。構築されたレファレンスコレクションのうちで,どのレファレンスツールが必要不可欠で,どれがもはや不要か,また新たにどのようなものが必要となっているか,定期的にチェックをする必要がある。レファレンスコレクションを評価する場合,書評や出版社が作製した広告冊子などの関連資料をもとにして,対象となるツールの内容を評価する(レファレンスツールの評価については第 10 章も参照)。もう 1 つ,評価される当のレファレンスツールそのものを実物として手にとって評価するという方法がある。評価の対象が冊子体の図書資料である場合,こちらの方法の方が評価の仕方として有力である。

b. レファレンスツールの作成

レファレンスコレクションの構築に際してのレファレンスツールは,たいていの場合,既成の市販されている図書やデータベースで充足される。だが,地域に密着した公共図書館のように,既成の資料では得られない地域関連の情報を利用者が要求すると予想できるときに,図書館は独自に資料を作成することがある。雑誌や新聞のなかから地域に関連する情報が掲載されている部分を切り抜くなどして,市販のものからは得られない,独自の書誌を作成するのである。これは「自館作成書誌」と称され,重要なレファレンスツールの 1 つと見なされる。

もう 1 つ,図書館において独自に作成されるレファレンスツールが「パスファインダー」である。これは,あるテーマについての資料や情報を探すための館内での手順を簡単にまとめたものである。これを手引きにして,図書館で探したい資料を効率的に発見することができる。パスファインダーは,その内容の観点から「利用案内」のサービスとも解することができるが,各図書館において独自に作成された参考図書という観点で,レファレンスツールであり,間接的情報サービスと解されることのほうが多い。このツールの内容は,具体的には,図書資料の検索のための

キーワードの紹介がある。これは，所蔵検索や雑誌記事検索をするときに手がかりとなる。また，単行書，雑誌，新聞などに分類しそれぞれの検索方法を紹介するものや，求める情報に適した代表的な資料を具体的に列挙して紹介するものもある。

第4節　課題解決支援サービス

　大量の情報が氾濫する現代の情報社会においては，図書館には多様な媒体の膨大な情報資源が所蔵されるようになっているが，人は図書館を利用せずとも普及したインターネットの情報源でその要求を満たすことも多くなっている。いまこそ，図書館の意義が改めて問われているといってよい。こうしたなか，近年，多くの図書館が打ち出しているのが「課題解決支援サービス」である。単なる一般的な情報提供ではなく，ビジネス支援，法律問題支援，健康・医療問題支援などに対象領域（テーマ）を限定して，それに関する情報を求めてくる利用者の課題を解決する支援を積極的におこなうサービスである。これは，上述の直接サービス，間接サービスを問わず，情報サービスと考えられるものを総合的にフル稼働させて，図書館の正確な情報発信力を利用者の特定分野の情報要求に役立てようとするものである（写真2-1，2-2）。

　たとえば，神奈川県立川崎図書館では「ビジネス支援室」を設けるなどして，こうしたビジネス支援サービスを大規模に行っている。この図書館では，創業や経営などの分野で本だけでなく，経営にかかわる人物も紹介している[6]。地域の商店街の活性化のために，図書館は単にビジネス関連の図書を配置しておくだけでなく，市場調査結果や消費統計の情報および新規事業のための法律や税務の情報などを要求する利用者に提供することで，課題解決の支援を具体的におこなうことができる（カバー写真）。

　また，医療情報や医療機関情報の提供をする医療問題支援もその需要が高まっている。医療情報としては，病気や薬品の種類に関する資料や闘病記（カバー写真）などの提供があげられる。この情報提供によって患者やその家族は理解を深め，一定の安心を得ることができる可能性がある。医療機関に関する情報としては，ある地域にどれだけの病院があるか，またどの病院にどのよう

写真2-1　山口県立山口図書館の「山口県産業技術センターセレクション」

写真2-2　調布市立中央図書館の「健康・医療情報コーナー」

な専門医が属するかといった情報が求められる。これらは，現在では主にインターネット上で提供されている情報であり，この場合，インターネットによる情報検索法の手ほどきをすることが，図書館員による情報サービスの一環としておこなわれるべきである。こうした情報提供によって，人々はどの病院に行くのがよいかを判断するための参考材料を得ることができるのである。

設問

(1) 情報サービスにおける直接サービスとはどのようなものか，具体例をあげながら900字程度で説明しなさい。
(2) 情報サービスにおける間接サービスとはどのようなものか，具体例をあげながら900字程度で説明しなさい。

参考文献
1. 大串夏身編著『課題解決型サービスの創造と展開』青弓社，2008年
2. 木本幸子『図書館で使える情報源と情報サービス』日外アソシエーツ，2010年

注）
1) 昭和前期の図書館界の指導者の一人である中田邦造（1897-1956）は，図書館を1つの有機体とみなし，間接サービスのことを，物理的存在としての図書館の仕組みを整える働きという意味で『図書館の生理機能』と呼び，他方，直接サービスのことを，図書館が人々に働きかける面という意味で『図書館の生活機能』と呼んだ。同時期のインドの図書館学者ランガナータン（1892-1972）も似た考えを示しており，『図書館は成長する有機体』との至言を残し，直接サービスと間接サービスのことを『図書館の表舞台と裏舞台』と表現した。両者はきわめて似た思想を表明しているが，相互に交流をもたず，互いの研究についても知らなかったといわれる。
2) 「利用案内」のほかに，「利用指導」「利用教育」「利用者教育」という用語もほぼ同義のものとして使用される。だが，学校図書館や公共図書館など館種別に固有の事情を考慮しないで一般論で使う場合は，「利用案内」が標準的である。「案内」と「指導」および「教育」の区別は厳密にはむずかしいが，教育機関に関連する図書館，たとえば学校図書館では利用者は児童や学生であるから，「指導」や「教育」の側面が強く，「利用指導」や「利用教育」が使われる。これに対して成人した利用者が多く訪れる公共図書館では，「案内」のほうが使用するのにふさわしく，「利用案内」が使われる。
3) 「配架」と「排架(はいか)」はどちらも「書架に並べる」という意味である。従来は「排架」と表記することが主流だったが，現在では「配架」と表記することが多くなっている。「排」の文字は「秩序立てて並べる」という意味をもつ。
4) 読書相談は従来，レファレンスサービスの一部と見なされ，米国の公共図書館においては1920-1940年代まで本格的におこなわれていた。図書館員が利用者にインタビューをおこなって，利用者の関心を明確にすると同時に，その読書能力を見定めて，教育的配慮による長期的展望をもって利用者に適切な図書資料を計画的に提案していた。しかし，現代ではこのような利用者個々人に対しての手厚いサービスがむずかしくなり，読書相談はその規模が縮小している傾向がある。日本の公共図書館においては，多くの場合，利用者が図書資料を選択するための情報提供というほどの意味で考えられている。この傾向がさらに強いところでは，読書相談は情報サービスの一種ではなく，貸出サービスの一部と見なされる。
5) 「参考図書」と似た言葉として「参考書」と「参考文献」があるが，これらは明確に区別しなければならない。「参考図書」とはレファレンスブック（調べ物をするための図書類）のことであり，「参考書」とは，学校の教科書の副読本としての学習参考書のことであり，「参考文献」とは論文やレポートを書く際に参照した文献のことである。
6) http://www.klnet.pref.kanagawa.jp/kawasaki/guide/consult.htm（'13.6.23 現在参照可）。

3 図書館における情報サービスの理論的展開

本章では、図書館で取り組まれる情報サービスを支える「理論」について学ぶ。図書館はその設置目的やサービス対象によって、教育機能を重視したり、情報提供機能を重視したりする。ここでは、図書館の館種と重視される機能、理論との関係を理解しよう。

第1節　レファレンスサービスの定義

ウィリアム・ビショップ（William Warner Bishop, 1871-1955, 写真4-1）の「レファンスワーク」論によれば、「レファレンスワークは図書館そのものの歴史に則している」[1]という。つまり、人的援助は図書館の発生と同時におこなわれてきたため、レファレンスサービスのはじまりもその起点にあると考えてよいということである。

しかし、組織的な図書館サービスの1つとしてレファレンスサービスを提唱したのは、マサチューセッツ州ウスター公共図書館（Worcester Public Library）のサミュエル・グリーン（Samuel Green, 1837-1918）とされる。グリーンは、1871年から新しいかたちの図書館サービスに取り組みはじめ、1876年の第1回全米図書館大会でこれに関する報告をおこなった[2]。このとき、グリーンは reference service とはいわず personal intercourse between librarians and readers と呼んだが、ほどなく aid to readers に縮められ、その後、assistance to readers という用語に改められ広く普及した[3]。

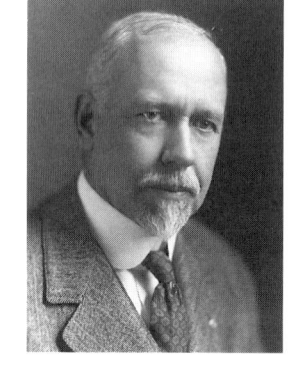

写真4-1　ウィリアム・ビショップ

レファレンスサービスの定義の最も早い例は、米国コロンビア大学の図書館員であったチャイルド（William B. Child, 生没年不詳）といわれる[4]。彼はこれを次のように定義した。

レファレンスワークが意味するものは、単に図書館によって利用者に与えられる援助であって、目録の複雑さを教えたり、質問に答えたりすることであり、手短に言えば、自己の管理下にある図書館資源の利用を容易にするために最大限の努力をすることである。

1930年、レファレンスサービスの古典的教科書といわれる『レファレンスワーク（*Reference Work: A Textbook for Students of Library Work and Librarians*）』を著したジェームズ・ワイヤー（James I. Wyer, 1869-1955）[5]は、次のように定義している[6]。

研究と調査のため図書館蔵書を解釈する際になされる思いやりある学識豊かな人的援助

米国イリノイ大学で，カナダ人として初めて図書館学の博士学位を取得し，カナダのブリティッシュ・コロンビア大学に図書館情報学部を設置したサミュエル・ロースステーン（Samuel Rothstein, 1921-，写真 4-2）は，その著書『レファレンスサービスの発達』において，レファレンス業務について以下のように定義した[7]。

① 情報を求める個々の利用者に対して，図書館員が人的援助を提供すること
② このような援助が教育的な機関としての図書館の責務を遂行するのに不可欠な手段であることを図書館が認識しそのような援助を提供する確固たる責任をもつこと
③ こうした援助を提供するために，レファレンスワークの技術を特別に身につけた人びとから構成される特定の運営組織単位が存在すること

写真 4-2　サミュエル・ロースステーン

ロースステーンの定義にもとづけば，レファレンス業務は社会的背景によって要請された時点で発生したとみなされる。つまり，レファレンスサービスの起点は，組織された計画的業務として取り組まれた時点ということになる。

また，フロリダ州立大学図書館学部長を務めたルイス・ショアーズ（Louis Shores, 1904-1981，写真 4-3）は，レファレンスサービスを図書館利用者との関係の点から，直接的・間接的なものの 2 つに整理した[8]。「直接的なレファレンスサービスは情報を求めている利用者に提供される人的援助」であり，「間接的なレファレンスサービスは目録，書誌，その他の図書館コレクションへのアクセスに役立ち，他の大規模もしくは専門的な図書館と協力してサービスを提供するためのレファレンスツールの準備と開発」であるとした。

1970 年代以降，情報技術の進展にともない，コンピュータで処理される情報資源を活用しはじめたころから，従来レファレンスサー

写真 4-3　ルイス・ショアーズ

ビスと呼ばれてきたサービスは，情報サービスと呼び名が変化していった。

現在のレファレンスサービスの定義は，米国図書館協会（American Library Association）傘下のレファレンス・利用者サービス協会（Reference and User Services Association）が 2008 年に公表した以下のものがあげられる[9]。

　レファレンス処理（Reference Transaction）は，特定の情報要求を満たす手助けのために図書館員が情報資源を推薦・解釈・評価・利用のいずれか，もしくはそれらを組み合わせて実施する情報相談活動のことである。
　レファレンスワーク（Reference work）は，レファレンス処理及び，情報もしくは調査のための資源，ツール，サービスを整え，管理し，評価する諸活動のことである。

これらの定義は、いずれもレファレンスサービスとは何かを端的に示すものである。しかし、とらえ方によって、レファレンスサービスと見なされる要件が異なっている。

第2節　図書館の種類と重視される情報サービス機能

図書館は奉仕対象や奉仕目的によっていくつかの種類に分けられるが、いずれの館種もなんらかの情報サービスに取り組んでいることが確認できる。図書館の設置目的や取り組まれる情報サービスの手法が組み合わされて図書館における情報サービスのどこの部分に力点がおかれているのかが変わってくる（図4-1）。

図4-1　図書館の種類と重視される機能の関係

出典：『新・図書館学ハンドブック』雄山閣 p.265を参考に作成

a. 教育機能

図書館を教育機関や教育を支援する組織の1つとしてみなし、利用者が自ら情報を入手し、知識を身につけること（のちに自ら情報を評価したり発信したりするまで範囲を拡大させた）を目的とするのが図書館の教育機能である。その機能を図書館が果たすために、図書館員による援助が重要であると考えられた[10]。この援助は、ある意味、図書館員が必要に迫られてはじめられたものと考えることもできるが、図書館による組織的な取り組みとして確立することで、1つのサービスと認識されるようになった（図4-2）。

とくに公共図書館、大学の初年次または教養課程の学生に奉仕する大学図書館、教育課程に資するために設置される学校図書館は、設置経緯や設置目的から教育機能を重視してきた。これらの図書館は、情報提供機能にもとづく情報そのものを提供することでは学びにつながらないと考え、必要とする情報を入

図4-2　教育機能における情報資源と図書館員と利用者の関係

手し、新たな知識を身につけることとともに資料や情報の探索方法などの能力を身につけることも学びであり、図書館の教育機能を果たすものであると位置づけてきた。

b. 情報提供機能

図書館のなかには、組織の運営や活動に役立つことを目的として設置されるものがある。専門図書館である。これらの図書館は、情報を自ら探す能力を利用者に身につけさせることを重視しておらず、組織活動を円滑に進めるのに必要な情報、役立つ資料を率先して提供することで設置目的を果たそうとしてきた。図書館で扱われる情報に対する利用者と図書館員のかかわりが明確

に分けられている。そのため，ネットワーク環境の整備によって容易に情報が入手できるようになったと利用者が考えるようになるなかで，なんらかの付加価値をつけた情報提供が必要だと考えられるようになったのである[11]（図4-3）。

図4-3　情報提供機能における情報資源と図書館員と利用者の関係

第3節　図書館の機能とレファレンスサービス理論

　レファレンスサービスのあり方は，図書館員や図書館学者が図書館の教育的機能を重視する立場と情報提供機能を重視する立場，その中間の立場のそれぞれの立場から，主張されてきた。それら3つの立場は，1930年，前述のワイヤーにより，教育機能を重視する保守理論（保守論ともいう），情報提供機能を重視する自由理論（自由論ともいう），両者の中間の立場である中間理論（中庸論ともいう）に分けて整理された。その後，ロースティーンが，これらの理論を最小理論，最大理論，中間理論と整理しなおした（表4-1）。

表4-1　図書館の機能と理論の関係

	教育機能重視 ←		→ 情報提供機能重視
ワイヤー	保守理論	中間理論	自由理論
ロースティーン	最小理論	中間理論	最大理論

a. 保守理論/最小理論

　米国の公共図書館で利用者支援（aid to readers）が始まった当初からそのめざすところは今日の保守理論に相当するものであった。1891年にチャイルドは第1節のように述べたし，同様の論は，デューイ（Melvil Dewey, 1851-1931）やジョン・コットン・ディナ（John C. Dana, 1856-1929）[12]によっても主張された。

　その後，1915年にビショップは，「レファレンスワークは利用者による何らかの調査研究を図書館員が支援するために提供するサービスである。そのサービス自体は研究ではなく，研究は利用者によってなされる」[13]という保守理論の集大成とされる主張をおこなった。

b. 中間理論

　中間理論を主張したのは，ニューヨーク公共図書館のマコームズ（Charles F. McCombs, 1887-没年不詳）であった。マコームズは，図書館学の手引書として刊行された『レファレンス部門（The Reference Department）』のなかで，「図書館員が図書と利用者の仲立ちをする」[14]役割を述

べたうえで，図書館員が，利用者の求める資料を提示したり，事実や情報源を提示したりすれば，利用者の調査研究にそれ以上関与しないとする論を主張した[15]。

c. 自由理論／最大理論

自由理論は，情報提供機能を重視する専門図書館が発展する状況などを反映し，保守理論に対抗する論として主張しはじめた。はじめに自由理論を明確に主張したとされるのがワイヤーであった。1930年にワイヤーは，『レファレンスワーク』（前掲）のなかで，ビショップやディナなど，それまでの論を保守理論と整理したうえで「すべての図書館がレファレンスワークに対する利用者の要求に最大限の注意を払うべき」[16]で，その実現には図書館員による解釈が必要であると主張した。だが，ワイヤーも無条件に自由理論のみを主張したわけでない。大学図書館や学校図書館が，学生・生徒に対して教育的な援助を重視するべきことを記している[17]。

ワイヤーの主張は，1944年にハッチンス（Margaret Hutchins, 1884-1961）による「レファレンスワークは，いかなる目的であっても，情報を求める利用者に対し，館内で行われる直接的な援助で，情報ができるだけ容易に利用できるよう意図された図書館の各種活動である」[18]という主張[19]やロススティーンによる研究の過程に関与し，情報を提供する「専門図書館的な性格の広範なサービスが今では公共図書館にふさわしいサービス上の責務となっている」[20]という主張につながっていった。

表4-2 レファレンスサービス理論の主な論者とその主張要旨

保守理論（最小理論）	チャイルド（William B. Child）	「利用者に複雑な目録を理解させること，資料へのアクセス促進」をめざす指導的な役割とする論
	デューイ（Melvil Dewey）	「利用者援助は質問に応じてあらゆる援助を提供することだが，情報を資料から引き出すのは利用者の役目」とする論
	ディナ（John C. Dana）	「図書館の責務は利用者自ら回答を引き出すことができるよう資料の利用法を教えること」とする論
	ビショップ（William W. Bishop）	「レファレンスワークは研究を援助するために図書館員がおこなうサービスであり，研究は利用者がおこなう」とする論
中間理論	マコームズ（Charles F. McCombs）	「なんらかの研究，特定の目的の研究に必要とする資料や事実を求める利用者に対して図書館員が提供する援助」という論
自由理論（最大理論）	ワイヤー（James I. Wyer）	「すべての図書館がレファレンスワークに対する利用者の要求に最大限の注意を払うべき」とする論
	ハッチンス（Margaret Hutchins）	「目的を問わず，情報を求める人に対して，情報ができるだけ容易に利用できるよう意図した図書館の諸活動」という論
	ロススティーン（Samuel Rothstein）	「利用者が節約できる時間のほうが図書館員の費やす時間より価値がある場合，図書館員が情報提供するほうが経済的である」という論

d. 新たな理論

ネットワーク環境におけるレファレンスサービスの理論について，従来のレファレンスサービスの理論で示されてきた保守論と自由論にもとづき，考察し保守論と自由論を併せた新たな理論が必要であるとの見解も示されている[21]。

設 問

(1) 図書館の重視する機能と情報サービスの方法論にどのような関係があるのかを，900字程度にまとめなさい。
(2) 身近な公共図書館で実施されている情報サービスを調査し，教育機能と情報提供機能に分けて，900字程度にまとめなさい。

参考文献
1. サミュエル・ロススティーン／長沢雅男訳『レファレンスサービスの発達』日本図書館協会，1979年
2. 長澤雅男『レファレンスサービス：図書館における情報サービス』丸善，1995年
3. 齋藤泰則『利用者志向のレファレンスサービス：その原理と方法』勉誠出版，2009年

注)
1) W.W. Bishop, The theory of reference work, *Bulletin of the American Library Association*, vol.9, July. 1915, p.135.
2) 諏訪利幸「サミュエル・グリーンの『民衆図書館』：1876年論文の28事例からみえるもの」『情報化社会・メディア研究』放送大学情報化社会研究会編，第3巻，2006年，pp.85-96。
3) Richard E. Bopp and Linda C. Smith, *Reference and information services: an introduction*, 4th edition, ABC-CLIO LLC, 2011, p.8.
4) William B. Child, Reference work at the Columbia College Library, *Library Journal,* Vol.16, No.10, October, 1891, p298. なお，訳文は二村健。
5) 銀行員から転身。元ネブラスカ大学図書館員。1899年より同大学助教授。1906年よりニューヨーク州立図書館学校副校長。1902年より米国図書館協会(ALA)の要職を務め，会長(1910-11)にまでのぼりつめる。
6) James I. Wyer, *Reference work: a textbook for students of library work and librarians*, Chicago, American Library Association, 1930, p.4.
7) サミュエル・ロススティーン／長沢雅男訳『レファレンスサービスの発達』日本図書館協会，1979年，p.14 (Samuel Rothstein, The development of the concept of reference service in American libraries, 1850-1900, *Library quarterly*, vol.23, Jan. 1953, p.2)。
8) Louis Shores, The Measure of reference, *Southeastern Libraries*, vol.11, no.4, 1961, pp.297-302.
9) Reference and User Services Association. *Definitions of Reference*, Approved by RUSA Board of Directors, January 14, 2008. (http://www.ala.org/rusa/resources/guidelines/definitionsreference, ('13. 6. 23現在参照可)。
10) Allen Kent edit, Encyclopedia of library and information science, *Supplement*, vol.25, M. DeKker, 1978, pp.210-226.
11) 前掲，vol.70, 2002, pp.206-217.
12) John C. Dana, Misdirection of effort in reference work, *Public Libraries*, vol.16, 1911, pp.108-109.
13) 前掲 Bishop, p.134.
14) *Charles F. McCombs, The Reference Department*, American Library Association, 1929, p.2.
15) 前掲, pp.1-2.
16) 前掲 Wyer pp.4-13.
17) 前掲, pp.187-212.
18) Margaret, Hutchins, *Introduction to reference work*, American Library Association, 1946, p.10.
19) コロンビア大学図書館学校で，ハッチンスからレファレンスサービスを学んだフランシス・チェニー (Cheney, Frances N., 1906-1996) は，1951～52年にかけて来日し，慶應義塾日本図書館学校で，図書館員から積極的に支援するサービスとして教授し，日本にレファレンスサービスを広める契機となった。
20) 前掲 7), pp.116-117, 230-233. Samuel Rothstein, The Development of the Concept of Reference Service in American Libraries, 1850-1900, *The Library Quarterly*, vol.23, no.1, 1953, pp.1-15.
21) J. W. Fritch, et al, The emerging reference paradigm : a vision of reference services in a complex information environment. *Library Trends*. vol.50, no.2, 2001, pp.286-305.

4 レファレンスサービスの理論と実践

　前章で，情報サービスの理論的展開を扱った。この章では，とくにレファレンスサービスにまつわる異なった角度からのアプローチをおこなう。読者は，実際に利用者と相対する場面ばめんで，自分はどのような理論や立場に立脚してこのサービスを実施すべきかが考えられるようになってほしい。いうまでもないが，理論と実践の乖離かいりは望ましいことではない。

第1節　図書館の教育機能と情報提供機能

a. レファレンスサービスの機能

　前章第2節で，情報サービスの教育機能と情報提供機能を簡潔に整理した。ここで強調しておきたいのは，この2つの機能が歴史のなかで入れ替わるように現れてきたことである。また，同時代にあっても，館種によって，また，識者の拠って立つ立場によって，どちらに力点をおくかが異なることである。

図 4-1　教育機能と情報提供機能

　双方の機能は，ともに図書館の本質的で重要な機能であるにもかかわらず，互いに相容あいいれずにせめぎ合い，ある時代にはどちらかが重要視され強調されたかと思うと，次の時代にはそれが反論・反駁はんばくされるといったように常に揺れ動く性質のものである（図4-1）。この揺れは，社会の状況や思潮によって大きく30年とか50年といった間隔で起こる。

　わが国では，たとえば『市民の図書館』（1970年）前後にその様子を見ることができる。同書の編集主幹であった前川恒雄は，それまでの図書館が教育機能に傾いていたことを批判し[1]，貸出を徹底して重視し，情報提供機能をきわめて重くみる図書館モデルを呈示した。その後のわが国は，1970～80年代を通じて，『市民の図書館』で示されたモデルをもとにたくさんの図書館がつくられ，質・量ともに大きく飛躍し，多方面に展開していったことは周知のとおりである。しかしながら，1990年代も後半になると，インターネットが人々の情報ニーズを満たしうることが明らかとなり，電子出版，電子書籍，電子図書館などの議論が盛んにおこなわれるようになった。2000（平成12）年，『2005年の図書館像』[2] が出され，『市民の図書館』とは異なる図書館モデルが呈示された。すなわち，情報提供機能の一部を電子的な手段に委ねる一方で，来館者の学習ニーズを満たす教育機能の重要性に着目されたのである。同書には，市民の情報リテラシーの獲得を図書館員が支援する様子が描かれている。このモデルでは，遠隔学習（distance learning）やeラーニング（e-learning）を支援し，また，官公庁職員に対する研修機会の提供もおこなう。こうして，『市民の図書館』に対するある種のアンチテーゼが提出されたが，この間，30年の時間が経過した[3]。

情報提供機能と教育機能のせめぎ合いが図書館にまつわる各種の理論の背景に色濃く作用する。レファレンスサービスの理論の異なりは大きくはこの揺れに起因すると考えることができる。

前章で取り上げたジェームズ・ワイヤーは，1876年にサミュエル・グリーンがその1つのあり方"aid to readers"を提示して以来，米国で発展してきたレファレンスサービスを分析し，初期のころは保守理論に傾いていたが，現代（ワイヤーの活躍した1930年ころ）は自由理論であるべきだと説いた[4]。すなわち，ワイヤーはこれを歴史的発展ととらえたが，いうなれば，図4-1において，およそ50年という時を経て振り子が左から右へ1回振れたと理解するのが正解であろう。振り子はいずれ揺り戻しがある。ワイヤー以降，ハッチンス（第3章で既述）などは，教育機能を一方で重視していたことが知られている[5]。どちらを重視するかは，館種や時々の識者の立場によって異なる。この揺れはとどまることを知らず，未来永劫続いていくのである。

ひるがえって，自分がレファレンスサービスを担当するとき，相手に応じてどちらの機能を発揮すべきかを瞬時に判断できるよう，理論に精通し実践を積むことが重要というわけである。

b. 情報サービスとレファレンスサービス

現代社会を一言でいえば，情報社会でありインターネット社会である。レファレンスサービスもこれにまつわるテクノロジーの影響を受けて，電子的な新たな機能を獲得しておこなわれる。

1960年代はコンピュータが飛躍的に発展した10年といわれる。米国では，こうした社会的背景を得て，reference serviceからreference & information serviceという表現に変わった。その後referenceが取れ，現代ではinformation serviceという用語が用いられるようになった。司書課程科目の名称が『情報サービス論』となっている由縁であり，本書もこれにならった。しかし，はたしてこれでいいのかという疑いは残る。図書館は「情報」だけを扱っているのではないからである。古よりもっぱら「知識」を扱ってきた。「情報」だけではすべてを語り尽くせないことを読者はいずれ理解されよう。

第2節　人的援助と物的援助

レファレンスサービスは，大きくは人的援助（personal assistance）の部分と物的援助（physical assistance）の部分からなる（図4-2）。人的援助とは，わかりやすくいえば，図書館員が額に汗して利用者にサービスを提供することで，物的援助とは，資料の充実や環境整備など，利用者自らが額に汗する取り組みをたやすくできるようあらかじめ準備しておくことである。利用者が知りたい内容を利用者に代わって図書館員が調べて差し上げる行為は確かに人的援助である。レファレンスサービスの初期の研究者らは，多くこの人的援助にのみ着目していた（たとえば，ワイヤーの定義―第3章）。

レファレンスサービス ┤ 人的援助 / 物的援助

図4-2　レファレンスサービスの構成

レファレンスサービス機能 ┤ 情報・情報源提供機能（＝情報提供機能） / 利用援助・指導機能（＝教育機能）

図4-3　レファレンスサービスの機能

一方で、レファレンスサービスは、利用者の求める適切な回答をもたらすものであるから、その機能は「情報・情報源提供機能」と「利用援助・指導機能」とに分けることができる（図4-3）。この分け方は、前節で整理した「情報提供機能」と「教育機能」に対応する。

このうち、「情報・情報源提供機能」は、実際は利用者が調べるというよりは図書館員が利用者に代わって調べることになろうから、図4-2でいう人的援助にほかならない。利用者のなかには、情報や情報源の提供を受けたいというよりも、自分で調べることができるようになりたいという者もいる。「利用援助・指導機能」とは、そうした利用者に調べ方を教えて差し上げることをサービスの主眼とするものである。調べるのは図書館員ではなく利用者自身だが、調べ方を指導するという点で図書館員が額に汗をするのであり、これも人的援助にほかならない。

わが国の著名なレファレンスサービスの研究者[6]は次のように定義した。この定義では、人的援助と物的援助、情報提供機能と教育機能の関係がわかりやすく整理されている。

レファレンス・サービスは何らかの情報ないし情報源に対する要求を持っている利用者の求めに応じ、図書館員がその要求を満たすと思われる情報ないし情報源を提供し、あるいはその入手方法を指導（援助）することを目的とする人的サービスであり、かつ、それを直接支援する諸業務からなる。

レファレンスサービス担当者は、その調査技術（狭義のレファレンスサービス。ここではこれをレファレンスワーク[7]としておく）を磨くことだけに責務を負っているのではない。あわせて、物的援助をも充実することに十分に意を注がなければならない。表4-1にその業務の構成を示す。これ全体がレファレンスサービスである。

表4-1 レファレンスサービスの業務構成

	情報提供機能	教育機能
人的援助	□情報・情報源の提供 　（狭義のレファレンスサービス 　＝レファレンスワーク）	□図書館利用教育 　文献探索のてほどき 　参考図書の使い方指導 　目録・OPACの使い方指導 □読書相談
物的援助	□参考図書の整備 □インフォメーションファイルの作成 □目録・書誌・索引などの作成・整備 □レファレンスネットワークの構築 　他の図書館や専門機関との相互協力 □管理的業務 　レファレンスコーナー・関連機器の整備 　レファレンスライブラリアンの配置・研修	□手引き・マニュアルの作成 　簡易マニュアルの掲示・配布 　パスファインダーの作成 　オンラインチュートリアルの作成 　FARQ（後述）のまとめと類型化および公開

第3節　レファレンスサービスの実践

この節では、レファレンスサービスにまつわる多少の理屈めいたことを取り上げる。以降、各章でより詳しく具体的なことを扱う。

a. レファレンスプロセス

レファレンスサービスは，利用者からの質問（reference questions，参考質問）を受けてから始まる。発問から回答にいたるまでをレファレンスプロセスと呼ぶことにする（図4-4）。質問は，利用者が来館し口頭で，または自宅から電話やファクシミリ，文書の郵送，電子メールまたはホームページからおこなわれる。最近はチャットやインターネットビデオ通話システムもある。

① 質問内容の確認

いうまでもないが，レファレンスサービスの立ち上がりにおいて，あいまいなまま質問を受け止めてはならない。ここが明確になっていないと，とんでもない回答をしてしまうことになりかねない。そこで，利用者とのコミュニケーションが重要となる。これが，レファレンスインタビュー（reference interview）である。詳しくは第5章で解説するが，レファレンスプロセスの正否はレファレンスインタビューで決まるといってよい。この時点で，「探索戦略の検討」「ツール／検索語の選定」が図書館員の頭のなかで瞬時におこなわれ，「探索の実行」から「情報（源）の入手」までは職人技がものをいう。

レファレンスサービスは，インタビューを通じた質問者との全人格的なやりとりのなかで，親しみと信頼感をもたせながら，その結果として，回答と満足（または納得）を与える仕事なのである。なお，参考文献2はやや古いが，質問者とのやりとりが生のかたちで伝わってきて参考になる。読み物としてもおもしろいので一読することをお勧めする。最後に，回答の際の鉄則をあげておく（図4-5）。

② 回答の未達成

図4-4 レファレンスプロセス

出典：長澤雅男・石黒祐子『問題解決ためのレファレンスサービス』日本図書館協会，2007年，p.59 を改変

(1) 自己の個人的知識・見解で回答してはならない
(2) 図書館情報資源を活用しそれを基礎に回答する
(3) 複数資料を照らし合わせ裏づけをとる

図4-5 回答の鉄則

レファレンスプロセスは，常に成功裏に運ぶわけではない。思わぬ時間がかかる場合は，それまでの経過とすでに得られた情報を「中間回答」として伝え，併せて，今後予想される所要時間も知らせるよう心がける。質問を受けたが"なしのつぶて"では，信頼関係は維持できない。

調査技術の未熟さを別にして，レファレンスツールの不足などで，どうがんばっても結果的に回答にたどり着けない場合もある。図書館員として悔しい思いをする瞬間だが，"悔しさ"こそ，レファレンスライブラリアンにとっての成長の糧である。ベテランは，何年もしてから意外なところで解決への糸口が見つかったという経験談を1つや2つは必ずもっている。

仮に，回答へたどり着けなかったとしても，利用者にはこれを素直に伝えたい。そのとき，自分がとった調査・探索プロセスを十分に説明することが肝心である。結果が出せれば，もちろん，「満足」を与えることができよう。期待に反して，結果が出せなかったときでも，「納得」だけは質問者の心に残したい。「自分のためにここまでしてくれた」という思いと対応した図書館員の人柄・誠実さが質問者の「納得」を担保する（後述）。「また，来よう」と思っていただければ，レファレンスワークとしてはともかく図書館サービスとしては成功といえるだろう。

③　質問の処理記録

　レファレンスサービスは，利用者に回答が出せれば終了というわけではない。事後，自分がおこなった調査・探索プロセスと回答をその図書館で定めた形式で記録票に残していく。「しばしばなされる参考質問（FARQ, Frequently Asked Reference Questions）」として類型化しておくと，類似質問を受けたときに役立つばかりか，資料探索の方法や技術の定石化にもつながる。それらを図書館員同士で共有すれば，その図書館全体のレファレンス"力"（後述）が高まることにもなる。また，それを公開すれば利用者が調査・探索技法を自ら学ぶ手助けにもなる。現在，国立国会図書館や県立図書館などでレファレンス協同データベースを公開しているので，これを参考にしたり，その事例の積み上げに協力したりすべきである。

b. **参考質問の類型**

　参考質問は，何を求めるかという観点から，事実調査と書誌調査，所蔵調査などに分けることができる。

　また，およその所要時間によって区分けすることもできる（表4-2）。

表4-2　参考質問の類型とおよその所要時間

類　型	所要時間
①案内・指示的質問（directional questions）	数秒〜数十秒
②助言・指導を求める質問（readers' advisory questions）	数分
③即答質問（quick or reference questions）	1〜数分
④探索質問（search questions）	数十分〜数日
⑤調査質問（research questions）	数カ月

①は「トイレはどこですか」のような図書館施設の利用の仕方に関する問い合わせである。②は，「子どもに与えるよい絵本はないか」のような資料選択上のアドバイスを請う質問である。いずれも，図書館の所蔵資料にもとづいて回答するわけではないので，厳密にはこれらをレファレンスサービスには含めないとする考え方もあるが，利用者がなんらかの援助を求めていることにはちがいないので，こうしたものにこそ，丁寧に親切に応えるべきである。

　一般の図書館では，③と④が主な取り組みとなろう。③は，代表的なレファレンスツールですぐさま回答が出せるもの，質問を受けた瞬間に何にあたればよいか判断できるもの，図書館員であれば誰でもできて当然のものである。現場では，「クイックレファレンス（あるいは単にクイック）」といったりする。④は，通常のツールでは回答が出せず，いくつかのツールを組み合わせたり順を追ってたどりながら回答にたどり着いたり，または，書架上の一般図書の既述のなかに埋もれている情報を発見するような比較的手間がかかるものをいう。⑤は，そもそも参考となるデータがないため自らアンケート調査をおこなうなど，資料を0（ゼロ）から産みだすような仕事となる。公共図書館では普通おこなわず，もっぱら専門図書館の領分である。また，調査会社やシンクタ

ンクでは，こうしたものを有料でおこなったりする。

c. インターネットの利用

　昨今，多くの人がインターネットで何でも調べられると思いこんでいるかのように思われる。たしかに，クイックレファレンスはインターネットでも簡単に調べがつく。米国では1995年以降，多くがインターネットに依存するようになり，それにつれてe-library 産業[8]が台頭し，相対的に図書館のレファレンス件数が減少したことに危機感を抱くようになった[9]。しかし，インターネットで調べられるものは，「どうぞ，ご自分でお調べください」ということでまったく構わない。図書館は，インターネットでは調べがつかないものに回答が出せるプロフェッショナルな場であることを利用者に認識してもらうことが重要である。逆に，図書館員は，インターネットを用いて回答できても，まったく専門家を任じることはできないと知るべきである。ましてや，Wikipediaを参照してすましているようでは図書館員の風上におけない。

　しかし，インターネットは，図書館員にとって強力なツールとなることも事実である。レファレンスサービスの立ち上がり時には威力を発揮する。参考質問のなかには，聞いたこともないような単語が出てくることがある。どんなにマニアックな世界の事柄でも，インターネットには何かしらの手がかりがある（しかし，それは一般の人でも探せるはずである）。図書館員は，それをあくまで"手がかり"とし，そこから確固たる根拠をもつ情報源にたどり着き質問者に提供する。

　また，スポーツの世界新記録や人口・輸出入統計などは，印刷体の資料ではどうしてもタイムラグが生じて正しい情報を提供できないことがある。こうした容易に変化する情報は，むしろインターネットからより信頼できるものを選び抜いて提供する。このとき，情報探索のプロである図書館員がその選別眼・識別眼を発揮する（第1章第3節および第15章第2節b.を参照）。

第4節　レファレンス"力"

　参考質問を受けて，すぐさま「ありません」「わかりません」などと応えるのは，自分自身がプロの図書館員でないことを率直に告白するに等しい。同僚や先輩の応援を得たり，近隣の図書館や類縁機関や専門家にショウカイ（紹介／照会）するレフェラルサービス（第2章）へとつなげたりする努力をしなければプロではない。

図4-6　レファレンス"力"
出典：図書館情報大学・山本順一（現桃山学院大学）が整理の図を改変

　レファレンスサービスを成功裏に遂行する力を，最近はやりの「○○力」といういい方にならって，レファレンス"力"ということにしよう。このレファレンス"力"は図4-6のように定式化できる。このうち，調査技術は，後天的に努力によっていかようにも身につけられる。また，こ

れはひとえに図書館員のためだけの技術ではない。現代人にとって誰でも身につけることが望ましいものであるといえる。わが国の図書館学の大先輩はこれを「第二の知識」といった[10]。

一方，接遇技術は，その人の性向・資質にかかわることで，一朝一夕に身につくものではないかもしれない。組織的なレファレンスサービスの創始者とされるサミュエル・グリーン（第3章で既述）は，次のように述べている。

　読者と交流する図書館の職員には，ある知的な資質が必要または望ましい。これらのうちで重要なのは腰の低さで，それ自身，快いマナーとなって表れる。共感，ほがらかさ，および忍耐も必要である。熱意は，ほかのどの分野とも同じようにここでもよい産物である。小売店主が彼の店から客が何も買わずに出て行くことを心地よく思わないのと同じように，図書館員は，質問者が質問に答えが出ないまま図書館を立ち去るのを不本意に思うべきである。[11]（筆者訳）

グリーンは，当初からレファレンスライブラリアンのあるべき姿を描いていたことに驚かされる。私たち（図書館にかかわろうとする者）は，自らを接客業者と位置づける必要がある。このときに重要なのが接遇技術である。利用者の質問に100％答えて，ほかの接客業と同じく"顧客"に"満足"を与えるのがその仕事である。しかし，いくら回答が出せても，言葉がぞんざいであったり態度が悪かったりしたら，利用者の満足度は半減する。一方，もてる資料や調査技術を駆使しても回答にたどり着けない場合もあるかもしれない。そのとき，せめて"納得"だけは利用者の心に残したい。調査・探索プロセスを丁寧に説明し，利用者の付託に応えて懸命にがんばったことが相手に伝われば，その利用者はまた来館してくれる。この"納得"を担保するのが「清楚な身なり」「親切な態度」「丁寧な言葉遣い」であり，この3つが接遇技術を不動のものとする。

上に引用したグリーンの言葉は，現代のビジネスマナーに通ずるものである。マナー（manners）とは，一般に，「行儀作法」のことで，言い換えるなら，「他人に不快感を与えない態度」のことである。「清楚な身なり」「親切な態度」「丁寧な言葉遣い」はマナーである。しかし，ビジネス界では，他人に不快感を与えない態度だけでは十分ではない，「この人と組んだら必ずビジネスは成功する」という安心感や期待感や確信のようなものを相手に与えることが肝心で，これをビジネスマナーといい，次のように定式化できるという[12]。

ビジネスマナー　＝　マナー　＋　マインド

筆者は，このマインドとは，身体の内から"オーラ"のようににじみ出てくる"気概"とか"迫力"のようなものだと理解している。

レファレンス"力"に裏打ちされたレファレンスライブラリアンになるためには，調査技術はもちろんのこと，接遇技術をしっかり身につけること，すなわち，ビジネスマナーに通ずる図書館員としてのマインドをもつこと。この人に質問すれば必ずなんとかしてくれるだろうという信頼感と安心感を相手に与えられるように自ら修練することに尽きると思う。

設問

(1) 保守理論／中間理論／自由理論（最小理論／中間理論／最大理論）について，理解したことを900字程度でまとめなさい。
(2) 上の理論を援用する際に，理想とするレファレンスサービスのあり方について，貴方が現に関わっている図書館，または，これから関わろうとしている図書館の館種に絞って900字程度で述べなさい（一般的な図書館ではなく個別的・具体的な図書館で論ずること。そのような図書館が念頭にない場合は，公共図書館について取り上げること）。

参考文献
1. 長澤雅男・石黒祐子著『問題解決のためのレファレンスサービス』（新版）日本図書館協会，2007年
2. 大串夏身『ある図書館相談係の日記―都立中央図書館相談係の記録―』（日外教養選書）日外アソシエーツ，1994年

注
1) たとえば，前川は，「日本の図書館は教育し，与える図書館であり，イギリスの図書館は奉仕し使われる図書館であった。（略）図書館員が良書と考える本を与えるところではない。」といった発言をしている。前川恒雄『移動図書館ひまわり号』筑摩書房，1988年，p.24。
2) 文部省：地域電子図書館検討協力者会議『2005年の図書館像〜地域電子図書館の実現に向けて』2000年12月。
3) わが国では，『市民の図書館』が高く評価されたが，批判がまったくなかったわけでもない。批判は1980年代後半から見られる（薬袋秀樹「『市民の図書館』における『貸出し』の論理―『貸出冊数偏重政策』への批判をめぐって」『図書館界』第40巻第6号，1989年3月，pp.264-279に詳しく整理されている）が，図書館の教育機能の観点から批判したものに，伊藤峻「『市民の図書館』はどこが間違っているか」（『みんなの図書館』No. 284，2000年12月，pp.18-23）などがある。
4) 彼は「求められるのは，サービスであって，示唆ではない」と発言している。James I. Wyer, *Reference work: a textbook for students of library work and librarians*, Chicago, American Library Association, 1930, p.9.
5) Margaret Hutchins, *Introduction to reference work*, Chicago: American Library Association, 1944, p.177.
6) 長澤雅男「レファレンス機能とその領域」『レファレンス・サービスの創造と展開』（論集・図書館学研究の歩み 第10集），日外アソシエーツ，1990年，p.10。
7) reference workという語は，1891年に米国の*Library Journal*誌に索引語として初めて登場した。reference workをreference serviceの中核部分ととらえる考え方（主に英国の*Librarian's Glossary*，1883年版など）と，reference workからreference service, reference & information serviceへと発展したととらえる考え方がある。
8) 1995年以降，米国議会図書館のAlcove 9 (http://www.loc.gov/rr/main/alcove 9/)をはじめ，ミシガン大学の学生が始めたIPL (Internet Public Libary—http://www.ipl.org/)のほか，The WWW Virtual Library (http://vlib.org/)，Xrefer (現CREDO reference—http://login.credoreference.com/wayf?auth=true)，AskJeeves（現在，IAC/InterActiveCorpが運営—http://www.ask.com/)のような企業が雨後の竹の子のように生まれ（いずれも'13.6.30現在参照可），同時に有能な図書館員が引き抜かれていったといわれる。
9) これに対する図書館側の対応として，24時間レファレンスサービスなどが打ち出され，企業が仲介斡旋した。たとえば，LSSI (Library Systems & Services, Inc.—http://www.lssi.com/ '13.6.30現在参照可)など。これは英語圏ならではの発想で，米国とインドのように，どこかが夜でもどこかが昼であり，インターネットを通じたレファレンス質問を地球上のどこかの図書館員が回答する協定を結んだもので，まさにグローバルレファレンスネットワークである。
10) 藤川正信『第二の知識の本』新潮社，1963年。
11) Samuel Green, Personal relations between librarians and readers, *Library Journal*, 1876, p.79.
12) 1995年当時，東京商工会議所主催のある人材育成セミナーで，筆者が聴いた高島屋デパートの人事部長の講演。

5 レファレンスサービスの実際

本章では、図書館の現場でレファレンスサービスをおこなううえでの注意点（回答内容の制限と除外）、実際のレファレンスサービスのプロセスについて述べる。

第1節　レファレンスサービスと「発想ひまわり」

図書館利用者が知りたい事項や特定テーマについて学習・調査・研究を進めるうえで、必要な資料や情報を探しだすために図書館員がその相談役となって調査し、利用者に指針を与える人的援助（aid to readers）がレファレンスサービス（reference service）である。この活動をより具体的に理解するために、ここでは最初に、「発想ひまわり」と呼ばれる考え方の重要性を強調しておきたい。

「発想ひまわり」（図5-1）は、図書館情報資源を活用するうえで、非常にすぐれた思考ツールである[1]。すべての図書館員、すべてのレファレンスライブラリアンが心がけなければならない重要な視点を提示しているといえる。

図5-1　「発想ひまわり」で日本十進分類法から「犬」というテーマを考えた場合

たとえば、利用者の質問が「犬について知りたい」のだとすると、レファレンスライブラリアンは、1類の哲学・宗教・心理、2類の歴史・伝記・地理、3類の社会科学・軍事・風俗、4類の自然科学、5類の技術・工業・家庭・生活、6類の産業、7類の芸術・スポーツ、8類の言語、9類の文学という、それぞれ異なる局面から表現された「犬」を、どれだけ発想できるかが問われるわけである。例をあげてみると、警察犬は、「警察317.7」を探す。盲導犬・介助犬は「福祉」

「訓練士」の分野の犬なので「社会・労働・福祉36」を探す。犬が出てくる昔ばなしを探そうと思えば,「風俗・習慣・民話38」で民話に登場する犬を探す。犬の「品種」や動物としての特性,習性や行動, 鼻と尾のはたらきなどが知りたければ,「動物学48」になる。動物学48には,「飼えない犬」「保健所」「動物愛護」「ペットの法律」などもある。「獣医さん」「狂犬病」「予防注射」「獣医になるためには」などのテーマであれば,家畜・獣医学の対象としての犬を調べるので,「畜産64」を探す。この分類には,犬の飼い方「しつけ」「ペットフード」などのテーマも含まれる。犬が出てくる物語を探すならば「文学9」である。世界の犬の物語としては『フランダースの犬』が,日本の犬の物語としては『南極物語』や『忠犬ハチ公』などが見つかる(『クックとタマ次郎の情報大航海術』P.48以下および『情報大航海術』P.50を参照)。ほかにも,2類(歴史)では『濃飛古代史の謎：水と犬と鉄』(岐阜県の歴史215.3),5類(技術・工学)では『AIBO誕生！』(科学玩具507.9)などがある。

　「発想ひまわり」は連想ゲームに似ている。だが,この連想ゲームが成り立つためにはさまざまな前提知識が必要とされる。つまり,多くの図書館情報資源を直に知っているということに加え,タイトル,著者,件名,分類といった情報資源組織法にまつわる知識を前提としている。この前提がなければ,「発想ひまわり」を使っても効果は少ないだろう。目録の知識なくしては,利用者と図書館情報資源を効果的に結びつける役割は果たせない。その意味からも,情報資源の組織化に関する学習,記述目録法・主題目録法に関する知識は,レファレンスライブラリアンにとっても必須事項なのである。

第2節　レファレンスインタビュー

　図書館利用者から寄せられる質問(参考質問, reference question)は,必ずしも明確ではなく,曖昧な質問も非常に多い。利用者の最初の一言では,本当にその利用者が知りたい事柄(ニーズ)を表現できていないことが多い。そこで利用者とのやりとり(レファレンスインタビュー, reference interview)をおこない,利用者の本当のニーズを把握する必要がある(写真5-1)。

写真5-1　レファレンスインタビューの様子
(聖学院大学総合図書館)

その際の心構えとして,「図書館員の仕事はサービス業である」と自覚することが大切である。サービスを提供するには,接遇・ホスピタリティ(英語＝hospitality／ラテン語＝hospitium, 客人を厚遇すること,丁重なこと,接待,おもてなし・おもいやり・歓待)のスキル(技術)とマインド(精神)を発揮することが必要である。笑顔で利用者と向き合い,真摯に耳を傾け,利用者の本当のニーズを把握できたら,自らの知識を総動員して,適切な情報・情報資源を探り当てていくのである。

a. レファレンスインタビューで明らかにすべき諸点

レファレンスインタビューでは，(1)「何を知りたいか」だけ明らかにすればよさそうに思えるがそうではない（図5-2）。たとえば，百科事典の記述程度でよいのか，研究書1冊分ほどの情報量が欲しいのかによって，探索にかける時間や戦略までが変わってくる。そこで(2)「どの程度知りたいか」が重要となる。また，質問者は図書館に問い合わせる前にすでに自分で何かを調べているのが通常である。それが果たせなかったからこそ質問回答サービスを依頼したと受け止めるべきで，質問者と同じプロセスをたどるようでは信頼感を失うおそれすらある。質問者が進めなかったその先ができてこそプロフェッショナルの証明である。そのために(3)「すでに何を調べたか」を明らかにし，自分のスタート地点を明確にする必要がある（図5-3）。ただし，これをインタビュー手法で聞き出すにはかなりテクニックがいる。「何を調べましたか」などと，下手に真っ向から聞きだそうとすると尋問調・詰問調となってしまい，質問者に不快感を抱かせてしまうこともある。ベテランのレファレンスライブラリアンは，「もう，だいぶお調べになったのでしょうね」と聞くという[2]。すると，「うん，これも調べて，あれにもあたったけど，わからなかった」などと，先方から話してくれる。ベテランならではのテクニックに学ぼう。

(1)何を知りたいか
(2)どの程度知りたいか
(3)すでに何を調べたか

図5-2 レファレンスインタビューで明確にすべき点

図5-3 レファレンスサービスのスタート地点

b. レファレンスライブラリアンに求められる諸点

つぎに，利用者がレファレンスライブラリアンに求める諸点を表5-1にあげる。

表5-1 利用者がレファレンスライブラリアンに求めること

① 利用者の目に印象がよい係員であること（impressive）
② 利用者が抱いている質問に共感してくれること（empathy）
③ 共感から生じた信頼性（reliability）
④ 迅速な対応（responsiveness）と回答の確実性（certainty）
⑤ 所蔵していない資料を他館に依頼してくれる交渉力（negotiation）

出典：参考文献1を参考に筆者作成

これができてこそ，利用者は，しっかり"おもてなし"を受けたと満足できる。そのためにも，利用者の心をときほぐせるようなインタビューを心がけたい。それにはコーチングの技法が有用である。

c. コーチングの技法

「コーチング（coaching）」とは，相談者（クライアント）と被相談者（コーチ）とが，主に会話や行動を通じて，相談者本人が満足のいく方法で目的達成に向けて進むことを促進する状況を生み出す技術である。コーチ役の人は相談者とマンツーマンで対話をおこない，その対話を通じて，相談者の可能性や潜在能力を引き出すのである[3]。

もし，ここでレファレンスライブラリアンがコーチ役であるならば，図書館利用者に，さまざまな質問をおこなうことで，利用者が，自分のかかえている課題を整理したり，一人では思いつかないような解決策やアイデアを発案したりすることができるように，思考作用への指針を与えられることが望ましい。しかし，利用者にさまざまな質問を投げかける際にも，質問の仕方にいくつかの技法がある（表5-2）。以下，それぞれについて説明する。

表5-2　レファレンスインタビューにおける図書館員からの質問の提示の仕方

① 　クローズドクエスチョン（closed-question）
② 　オープンクエスチョン（open-question）
③ 　ミラー（mirror technique）またはミラーリング（mirroring）
④ 　ペーシング（pacing）
⑤ 　バックトラッキング（back-tracking method）

① 　クローズドクエスチョン（closed-question）：相手が「はい」「いいえ」または提示された選択肢のなかから答える質問で，問題を整理するには役立つ方法である。しかし，「閉ざされた質問」という言葉が示唆するように，利用者側の回答の自由度を狭めてしまう面もある。

② 　オープンクエスチョン（open-question）：相手からの質問を真剣に聞きながら，図書館員からも「開かれた質問」を投げかけ，利用者に自由に答えてもらう方式である。＜Who＞「誰が」「誰と」，＜When＞「いつ」，＜Where＞「どこで」，＜What＞「何を」，＜Why＞「なぜ」，＜How＞「どのように」の５Ｗ１Ｈの疑問詞を投げかけることによって，利用者がかかえている問題を整理して発展の方向へ向けて指針を定めていく。

③ 　ミラー（mirror technique）またはミラーリング（mirroring）：心理学・言語学的な技法の１つで，「鏡映法（きょうえいほう）」ともいう。コーチの側が，相談者のしぐさとそっくりそのままの動きをし，そのままの言葉を繰り返して，いわば利用者の鏡になるのである（同調動作）。そうすることで，相談者は，自らの今現在の状況を客観的に知るための手がかりを直感的に得ることができ，心の余裕が出るとともに，コーチ（図書館員）に自分が受け入れてもらえているという安心感をもつ。

④ 　ペーシング（pacing）：利用者の話のペースに合わせながら質問をおこなうことである。思考の回転が非常に速く，できるだけ早く直接的な回答がほしいという利用者もいれば，ゆったりと，マイペースで，状況や気持ちを説明しながら，自分の要求を表現したいという利用者もいる。それぞれに見合った話のスピードを考慮することが重要である。

⑤ 　バックトラッキング（back-tracking method）：利用者の質問に対してどのような解決策があるか，質問をほぐしながら，その可能性のいくつかを提案する方法である。いわば，上記①〜④を総合したうえでの解決策の提示であり，レファレンスインタビューの最終段階である。まさにライブラリアンシップ，レファレンスライブラリアンの資質，キャリアが問われる部分である（本シリーズ第１巻『図書館の基礎と展望』p.74 以下を参照）。

　いずれの方法も，利用者に対して，図書館員の側が万全の体制を備えていることを示し，接し

やすい，相談しやすい雰囲気づくりが前提となる。利用者には，相談のための十分な時間を与えること，心の余裕を与えることが必要で，こうした配慮なくしては利用者との良好なコミュニケーションは成立しない。良好なコミュニケーションが成立するためには，上に述べたような手法を駆使（くし）したさまざまな工夫や配慮が必要であり，そうすることで，利用者がその質問を抱いた動機や，問題意識の発展，問題解決の方向が理解可能になる。

レファレンスサービスに限られないが，図書館サービス全般において，公共・大学図書館における「問題利用者（problem patrons）」について米国と日本の事例を検証した研究もなされている[4]。やはり，ここでも図書館利用者に共感（empathy）すること，共感から生じた信頼性（reliability）などが必須であることが理解できる。

また，「宮部みゆきさんの本に登場した『うそつくらっぱ』という児童書を読みたい」という利用者からの質問に対して，回答にみちびくことができなかった事例について，その担当だった図書館員は，問われた事柄が「この世の片隅でひっそりと存在しているような気がして落ち着かないのでありました」と述べている[5]。この警句をレファレンスライブラリアンは真摯（しんし）に受けとめることが大切なのである。

第3節　レファレンスサービスの回答制限と回答除外

図書館員が常に自覚しておきたいことは，個人としてではなく，図書館として回答するということである。レファレンスライブラリアン（レファレンスサービス係員）の私的な教養や知識による回答であってはならない[6]。したがってレファレンスライブラリアンには，利用者支援に応えられる業務全般にわたる知識と，自館のバランスのある蔵書構成の維持に努める努力が要求される。とくに，レファレンスツールやデータベースの種類と特性については，古いものも新しいものも含め，常にその存在と利用法に気を配り，熟知することに努めなければならない。

最後に，サービスの内容上とくに留意する点，すなわち利用者への回答が制限されるか，あるいはまったく図書館の回答対象とならない（除外される）事柄について述べてみたい。

利用者への情報提供において，回答が制限される事柄には，次のようなものがある。①人生問題・身の上相談，②クイズの答え，③法律や税務に関する実務的な相談，④予測や価値判断を求める質問，⑤美術品や骨董品の鑑定などである。一般的に，これらの質問事項については回答を避けている。東京の町田市中央図書館では，上記5つの問題を「回答の制限」と「回答の除外」という2つの項目に区分して対応しているので紹介しておこう。

a．回答の制限（図書館が責任を負えないため，内容に注意して情報提供する場合）

図書館利用者から寄せられる質問事項が表5-3に該当するときには，図書館の立場として直接の回答を与えられないことを説明するとともに，資料の提供も慎重におこなう。

b．回答の除外（図書館が最初から相談に応じる対象としていない場合）

表5-4に該当する依頼および質問事項に対しては直接回答には応じないで，質問に関連する図

書資料や関連情報を提供するなどの援助をおこなう。

総じて，これらの回答のむずかしい質問については，「うちの図書館では答えられないことになっています」といった紋切り型の対応をするのではなく，回答そのものの提供（情報提供機能）はできなくとも，質問者が自ら解決できるような支援（教育機能）を提供したい。利用者にとってなんらかの利益を出力しない図書館は無用の長物である。肝心なのは健全なバランス感覚である。

表5-3 レファレンスサービスの回答制限に該当する事項（町田市立中央図書館）

① 病気の診断や治療について判断を必要とする問題
② 法律相談
③ 人生相談および身の上相談
④ 仮定または将来の予想に属する問題

表5-4 レファレンスサービスの回答除外に該当する事項（町田市立中央図書館）

① 図書の購入・売却の斡旋仲介
② 古書，古文書，美術品等の鑑定および市場価格調査
③ 学習課題の解答および論文の作成
④ 懸賞問題・クイズの解答
⑤ 計算問題の解答
⑥ 資料の解読，注釈・翻訳・抜粋の作成
⑦ 系図等の作成
⑧ 特定の個人または社会に直接悪影響を及ぼす問題

設問

(1) 図書館のレファレンスコーナーに行って，レファレンスライブラリアンがどのような仕事をしているか観察しなさい（ほかに利用者がいなければ，「レファレンスサービスとはどのようなことをするのか」を自ら質問してみてもよい）。その結果を900字程度でまとめなさい。
(2) 「発想ひまわり」を使って，1つのテーマをさまざまな角度から見て，それに該当する資料を調べなさい。

参考文献
1. 佐藤義則・永田治樹「図書館サービスの品質測定について：SERVQUALの問題を中心に」『日本図書館情報学会誌』vol.2, No 1, 2003年, pp.1-15
2. ジョン・ウイットモア／清川幸美訳『はじめのコーチング』ソフトバンク，2003年
3. 伊藤守『コーチング・マネジメント』ディスカヴァー・トゥエンティワン，2002年

注）
1) 清教学園中・高等学校（探究科）教諭で，「図書館を使った"調べる"学習コンクール」審査員でもある片岡則夫による。図5-1はNPO図書館の学校機関誌『あうる』No.76掲載のものから加工した。
2) 大串夏身『レファレンスサービス 実践とその分析』青弓社，1993年, p.22。
3) 参考文献2および3を参照。
4) 千錫烈「図書館における問題利用者：コミュニケーション・スキルを用いた『怒り』への対処法」『情報の科学と技術』2010年60巻10号, pp.420-427.
5) 鈴木裕美子「無いことを証明するのは難しい」浅野高史＋かながわレファレンス探検隊著『図書館のプロが教える＜調べるコツ＞』柏書房，2006年, pp.197-203。
6) むろん，職務経験が豊富であり，自分の専門分野の主題（subject）について知識をもつことは図書館員にとって非常に大切なことである。ここでは，その文脈ではなく，「個人の知識のみに頼って回答することの危険性」について述べているのである。

6　情報検索サービスの理論と方法

本章では、データベースを利用した情報検索サービスのための理論と方法について説明する。論理演算（AND検索、OR検索、NOT検索）の方法、検索式の組み立て方、トランケーション（任意記号）の使い方、そして、検索の評価指標である「精度」と「再現率」の考え方について理解していこう。

第1節　論理演算（ブール演算）

データベースを利用した検索では、1つのキーワードだけで検索しても望む結果が得られないことが多い。その場合、複数の検索キーワードを組み合わせて検索をおこなうことになる。その際に使われるのが、「論理演算」という考え方である（論理演算の考え方を整理したイギリスの数学者ブール（George Boole, 1815-1864）にちなんで、「ブール演算」とも呼ばれる）。

論理演算には、「論理積」を求める「AND検索」、「論理和」を求める「OR検索」、「論理差」を求める「NOT検索」の3つのパターンがある。以下、それぞれについて説明しよう。

a. 論理積を求めるAND検索

あるキーワードAと、別のキーワードBとを組み合わせて、どちらも含む内容のデータを検索したい場合、「AND検索」をおこなって、キーワードAとBの「論理積」を求める。

検索式＝「A　AND　B」で得られる検索結果を「論理積」という（図6-1の塗りつぶし部分）。「AND」の代わりに「＊」「＆」などの記号を使う検索システムもあり、「A＊B」「A＆B」などとも表現する。また、「A　B」のように、キーワードを空白で区切るだけでAND検索になるシステムも少なくない。

たとえば、論文情報ナビゲータ「CiNii Articles」（http://ci.nii.ac.jp/）というデータベースで、「特定保健用食品」かつ「ダイエット」に関する論文のデータを検索したい場合、検索ボッ

図6-1　論理積を求めるAND検索　　　　　図6-2　AND検索の例

クス（フリーワード入力欄）に「特定保健用食品　ダイエット」と入力する。CiNii Articles では，キーワードを空白で区切ると AND 検索になるので，これによって，「特定保健用食品」と「ダイエット」の両方が登録情報に含まれている論文を検索することができる（図 6-2）。「特定保健用食品」だけで検索した場合は 430 件，「ダイエット」だけで検索した場合は 1891 件，「特定保健用食品　ダイエット」で検索した場合は 1 件が検索される（2013 年 6 月 23 日現在）。

b. 論理和を求める OR 検索

あるキーワード A と，別のキーワード B とを組み合わせて，どちらか 1 つ以上を含む内容のデータを検索したい場合，「OR 検索」をおこなって，キーワード A と B の「論理和」を求める。

検索式＝「A　OR　B」で得られる検索結果を「論理和」という（図 6-3 の塗りつぶし部分）。「OR」の代わりに「＋」の記号を使う検索システムもあり，「A＋B」とも表現する。

たとえば，CiNii Articles で「植樹」と「植林」に関する論文のデータを同時に検索したい場合，検索ボックスに「植樹　OR　植林」と入力する。これによって，キーワードに「植樹」を含む論文のデータと，「植林」を含む論文のデータの両方を一度に検索できる（図 6-4）。「植樹」だけで検索した場合は 357 件，「植林」だけで検索した場合は 995 件，「植樹　OR　植林」で検索した場合は 1347 件が検索される（2013 年 6 月 23 日現在）。

「植樹」と「植林」とで別々に検索した場合と比べて，「植樹　OR　植林」で検索する場合のメリットは，別々に検索した際の検索結果をいちいち比較照合せずとも，求めるデータが一度に得られることである。

図 6-3　論理和を求める OR 検索

図 6-4　OR 検索の例

c. 論理差を求める NOT 検索

あるキーワード A のデータを集めたいが，そのなかで別のキーワード B に関するデータは除外したいという場合，「NOT 検索」をおこなって，キーワード A と B の「論理差」を求める。

検索式＝「A　NOT　B」で得られる検索結果を「論理差」という（図 6-5 の塗りつぶし部分）。「NOT」の代わりに「＃」「！」「－」などの記号を使う検索システムもあり，「A＃B」「A！B」「A－B」などとも表現する。

たとえば，CiNii Articles で「生命」に関係するが「保険」とは関係のない論文のデータを検索したい場合，検索ボックスに「生命　NOT　保険」と入力する。これによって，キーワード

図6-5　論理差を求めるNOT検索　　　　図6-6　NOT検索の例

に「生命」を含む論文のデータから,「保険」を含む論文のデータを差し引いて検索できる（図6-6）。「生命」だけで検索した場合は7万4070件,「保険」だけで検索した場合は12万8678件,「生命　NOT　保険」で検索した場合は6万4450件が検索される（2013年6月23日現在）。

d. 論理演算子と検索式

検索キーワードを結びつける「AND」「OR」「NOT」または「＊」「＋」「＃」などの記号を「論理演算子」と呼ぶ。「（A OR B）AND C NOT D」「（A＋B）＊C＃D」など,検索キーワードを論理演算子でつないで表現した式を「検索式」と呼ぶ。

たとえば,アルバイト求人情報を蓄積したデータベースがあるとして,「A市またはB市で,時給900円以上で,夜間・早朝勤務のないアルバイト」を探したい場合,「検索式　＝（A市＋B市）＊時給900円以上＃（夜間勤務＋早朝勤務）」となる。また,賃貸物件のデータベースがあるとして,「C市またはD市で,家賃が7万円以下で,部屋数が1DKまたは2DKで,1階以外の物件を探したい場合,「検索式　＝（C市＋D市）＊家賃7万円以下＊（1DK＋2DK）＃1階」となる。

あるいは,結婚相談所でお見合い相手の情報データベースを検索するとしたら,どうだろうか。「都会に住んでいて,年収がいくら以上で,貯金がいくら以上で,さらに学歴が……」と条件を重ねていく場合には,AND検索を用いる。また,「タバコを吸う人は除外」というように特定の条件に関するデータを除外する場合には,NOT検索を用いる。あまり条件を絞りすぎると,適当な相手がいなくなるおそれがある。その場合,「住んでいる場所は,A地方でも,B地方でも,C地方でもOK」というふうに条件を広げていく必要がある。その際には,OR検索を用いる。

このように,検索の条件を厳しくするには複数のキーワードでAND検索,NOT検索をおこない,検索の条件を広げるにはOR検索をおこなう。実際には,これらを複合的に組み合わせて一度に検索することになる。

第2節　トランケーション

トランケーションとは,検索キーワードの一部を任意化する記号で,データベースでは「＊」または「？」の記号で表すことが多い[1]。データベースには,いわば個性があり,このトランケー

図6-7 トランケーションのパターン

ションの機能を利用できるもの、できないものがある。また、トランケーションを使わなければキーワードの一部分からは検索できないデータベースもあれば、内部でキーワードを自動変換してくれて、トランケーションを使わなくても済むデータベースもある。情報サービスのためにはさまざまなデータベースを使うので、どのデータベースにも対応できるよう、覚えておく必要がある。トランケーションには、次のようなパターンがある（図6-7）[2]。

a. 前方一致検索

キーワードの先頭が固定されていて、後ろ側が任意であるというかたちでの検索である。たとえば、「パターン認識」と「パターン識別」を同時に検索したい場合、「パターン*」で検索すればよい。この場合、「パターンマッチング」なども同時に検索できる。しかし、「パターン素材」なども同時に検索されてしまうデメリットもある。

b. 後方一致検索

キーワードの末尾が固定されていて、前側が任意であるというかたちでの検索である。たとえば、「夏季オリンピック」と「冬季オリンピック」を同時に検索したい場合、「*季オリンピック」で検索すればよい。「*オリンピック」では、「古代オリンピック」なども含まれてしまうかもしれない。ただしこの場合は、NOT検索を利用して、「*オリンピック　NOT　古代オリンピック」で検索する方法もある。

c. 中間一致検索（部分一致検索）

キーワードの中間部分が固定されていて、その前後が任意であるというかたちでの検索である。たとえば、「情報メディア研究の基礎」と「マスメディア研究入門」を同時に検索したい場合、「*メディア研究*」で検索すればよい。中間一致検索は、とくに関係のないものも検索されてしまう可能性が高いため、固定する中間部分を長くしたり、論理演算を活用して、前方一致検索や後方一致検索に変更したりするとよい場合がある。

d. 完全一致検索

キーワードが被検索語と完全に一致するもののみ検索するというパターンである。たとえば、山田孝という人の著作を検索したいとき、中間一致の設定のままにしておくと、山田孝士や大山田孝、小山田孝介といった人たちの著作も一緒に検索されてしまう。こういうときに完全一致検索が威力を発揮する。

第3節　精度と再現率

検索結果を評価する指標として、「精度」と「再現率」という数値がある。図6-8の全体は、

データベース内の全データを表わしている。下側が，ある検索目的に対する適合データ，上側が，同じ検索目的に対する不適合データであるとしよう[3]。

検索をおこなった結果が中央の円（A＋B）である。Aの部分のデータは，うまく検索できたデータである（これを「ヒット」という）。Bの部分のデータは，不要であるのに検索されてしまった邪魔なデータである（これを「検索ノイズ」という）。一方，A＋Cの部分は，データベース内に存在するすべての適合データであり，今回の検索で「入手したかった情報すべて」である。これをすべて検索できれば成功だが，なかなかそうはいかない。Cの部分が「検索もれ」である。

a．精　度（適合率）

精度（precision）とは，「検索して出てきたデータのうち，入手したかったデータがどれだけあるか」ということを表わす値である（言い換えれば，精度が高いほうが検索ノイズが少ない）。引いたくじのうちの当たりくじの割合と考えればよい。数式にすると，次のようになる。

　　精度(％)＝検索された適合データ(A)÷検索された全データ(A＋B)×100

たとえば，検索して50件のデータが出てきたとき，そのうち欲しかったデータが10件であれば，精度は　10÷50×100＝20％　である。なお，精度は適合率ということもある。

b．再現率

再現率（recall ratio）とは，「入手したかったデータが実際にどのくらい検索できたか」ということを表わす値である（再現率が高いほうが検索もれが少ない）。当たりくじ全部のうち，実際に引くことのできた当たりくじの割合と考えればよい。数式にすると，次のようになる。

　　再現率(％)＝検索された適合データ(A)÷データベース内の全適合データ(A＋C)×100

たとえば，データベース内に存在するすべての適合データが25件のとき，実際に検索できたデータが10件であれば，再現率は　10÷25×100＝40％　である。この場合，検索されなかったデータベース内の適合データ（検索もれ）は15件，割合にして60％であったことになる。

だが，ここで1つ疑問が生じるだろう。「データベース内に存在するすべての適合データ」あるいは「検索されなかったデータベース内の適合データ」が何件あるか，どうやって知ることができるのだろうか。じつは，実際の検索の場面では，この数値は知ることができない。もし知ることができるなら，そのデータを全部知っているということになるから，検索の必要性がなくなっ

$$\text{精　度(％)}＝\frac{\text{検索された適合データ(A)}}{\text{検索された全データ(A＋B)}}×100$$

（＝検索ノイズに関する指標）

$$\text{再現率(％)}＝\frac{\text{検索された適合データ(A)}}{\text{データベース内の全適合データ(A＋C)}}×100$$

（＝検索もれに関する指標）

図6-8　精度と再現率

てしまう。つまり，実際にはデータベース内の適合データの全件数がわからないのだから，再現率は計算できないことになる。だが理論的な値として，再現率は，精度との相互関係で重要な意味をもっているのである。そのことを次に説明しよう。

c. 精度と再現率の関係

精度を上げる（検索ノイズを減らす）ためには，複数の条件を重ね合わせていくAND検索，いらない条件を除外するNOT検索を用いて，検索条件を狭めていけばよい。そうすると，検索で得られるデータの件数は減るが，検索ノイズに比べてヒットが多くなるため精度が上がる。ただし，条件を狭めた分だけヒットの絶対数が減って，再現率は下がってしまうことが多い。

いっぽう，再現率を上げる（検索もれを減らす）ためには，複数の選択肢で条件を広げていくOR検索で検索対象を広げていけばよい。そうすると，検索で得られるデータの件数が増えてヒットの件数も増えるため，再現率が上がる。ただし，検索ノイズも多くなって，精度が下がってしまうことがある。

このように，精度と再現率は，一般に「負の相関関係をもつ」傾向があるといえる。再現率は，実際には精度とペアで意味を成す数値であり，「精度をなるべく落とさずに再現率を上げるには，このようなキーワードの組み合わせ方が効果的だ」ということを考えるために，情報検索の総合的な評価指標として重要なポイントなのである。

設 問

(1) CiNii Articlesで2つ以上のキーワードをそれぞれ単独で検索した場合と，AND検索した場合（スペースで並べる）と，OR検索した場合（大文字でORをはさむ）と，NOT検索した場合（除外する言葉の前に半角のマイナスを付ける）の結果を比較しなさい。
(2) CiNii Articlesでなんらかのキーワードの組み合わせで検索し，精度（＝適合文献の数／検索結果の数×100〔％〕）を計算しなさい。

参考文献
1. 原田智子・岸田和明・小山憲司『情報検索の基礎知識　新訂版』情報科学技術協会，2006年
2. 緑川信之『情報検索の考え方』（図書館・情報メディア双書）勉誠出版，1999年

注）
1) トランケーションによってどのような任意化が可能か，どのように任意化されるかは，システムによって，また記号によって異なり，1文字だけであったり，1文字以上の任意の文字であったり，0文字を含めた任意の文字であったりする。
2) これらの4つのほか，中間任意検索（両端一致検索）というのもある。これはキーワードの両端が固定されていて，その中間部分が任意であるというかたちでの検索である。たとえば，「中国料理」と「中華料理」を同時に検索したい場合，「中＊料理」で検索すればよい。しかしその際，「中東料理」（西アジア周辺の料理）や「中越料理」（富山県の料理）なども同時に検索されてしまうデメリットもある。あるいは，アメリカ英語とイギリス英語のちがいが考慮されていないデータベースで，色彩デザインに関するキーワードとして「color design」と「colour design」をある場合，「col＊r design」とすれば，これらを同時検索することができる。
3) 適合・不適合の区別は，厳密には，データの利用者がそのデータを吟味したときにはじめて決定できる。

7 各種情報源の特質と利用法(1) －情報メディア・文献を探す－

　本章では，図書，雑誌，CD，DVDなどの一般的な情報メディア・文献を探す場合について説明する。「書誌」と「目録」，OPACとNDL-OPAC，「横断検索」と「総合目録」，著作権が切れた作品が読める電子図書館など，それぞれの特質をふまえた利用ができるようになろう。

第1節　レファレンスツールの種類

a. レファレンスツールの形態

　レファレンスサービスをおこなう際の情報源となるレファレンスツール（reference tool）のなかで，図書などの冊子体の形態をしているものをとくに「参考図書（reference book）」と呼ぶことがある。そのほか，DVD-ROM版や第9章第2，3節で紹介するネットワーク情報資源がある。レファレンスコーナーを「参考図書コーナー」といった呼称で案内している公共図書館も多い。

　レファレンスツールのなかには，冊子体のレファレンスブックしか存在しないものもあり，そのような場合はそのレファレンスブックの特徴（収録している年代や領域，検索できる事柄）などをよく見極めて（レファレンスブックの評価は第10章参照），適切なレファレンスブックを調べる必要がある。そのためにも，図書館員は，どのレファレンスブックでどのような事柄が検索できるかを数多く知る必要がある。

b. 案内型ツールと回答型ツール

　レファレンスツールには2つの種類がある。1つ目は，図書，雑誌，論文，記事，資料などの「文献の存在」自体やその「所在情報」を探す文献探索型のタイプであり，「案内型ツール」または「書誌的ツール」（bibliographic tool）と呼ばれるものである。代表的なものとして，まず，①所蔵の有無に関係なく図書の書誌事項や資料の成立事情などの情報を記述した文献リストである「書誌（bibliography）」，②書誌事項とともに，その文献を，どこの図書館・情報センターが所有しているかという所在情報（所在指示機能）も含めたデータを集めた「目録（catalog）」がある（本章第3節）。

　2つ目は，第9章で扱う「回答型ツール」である。つまり，求める情報そのもの，「事項・事実」のデータを探すための事項調査型のタイプである。これらは「回答型ツール」または「百科事典型ツール」（encyclopedic tool）と呼ばれる。「百科事典」はその代表であるが，それ以外にもさまざまな種類が存在する（図7-1）。

図7-1 レファレンスツールの種類

案内型ツール
- 書誌：図書や雑誌記事・論文などの書誌事項や資料の成立事情などの情報を記述したもの
- 目録：書誌事項とともに，所在情報まで含めたデータを集めたもの
- 索引誌：図書や雑誌記事の内容をキーワード（索引語）で検索できるように配列したもの
- 抄録誌：図書や雑誌記事の内容を短い文章で要約して，書誌事項とともに掲載したもの

回答型ツール
- 事典：事物・事象の意味・内容などをコンパクトに解説。「ことてん」
- 辞典：言葉の意味・用法などを解説。「ことばてん」
- 字典：文字の表記法・発音・語源などを解説。「字引」「もじてん」
- 便覧・ハンドブック：特定領域の知識を実例・統計・図表などを用い，実務の面から解説
- 年鑑・白書：特定分野の過去1年間の動向や変化を解説した年刊の逐次刊行物
- 図鑑：イラスト・写真・図版などを多数使用し，視覚的な面から解説
- 地図帳：地形を縮尺して二次元に表現した地図をまとめて書籍化したもの
- 年表：歴史上の出来事・事件などを時系列（編年体）に配列したもの
- 名鑑：企業・団体・機関などの情報をリスト化したもの
- 人名事典・人名録：人物の姓名・生没年月日・略歴・業績・著作などを記載したもの
- 統計：統計調査結果の数値データをまとめたもの

第2節　書　誌

a.　書　誌

「書誌」（bibliography）とは，文献リストのことである。書誌には，図書や論文・記事などの文献の情報が記載されている。図書の書誌であれば，タイトル，著者，出版者，出版年，ISBNなどが書かれている。短い内容紹介が書かれている場合もある。論文や記事などの書誌であれば，文献タイトル，著者，掲載誌名，掲載ページ，刊行年などが書かれている。このように，文献を特定するための基本情報を「書誌情報」と呼ぶ。書誌は，世界のどこかにある文献の書誌情報をリストとして示すものであるが，その文献が実際にどこにあるかは示さない（この点が，次節で説明する目録とは異なる）。

書誌は，それがどのような文献リストであるかによって，いくつかの種類に分けられる。

①選択書誌：一定の水準を越えた文献を選択した，良書リスト（ただし，良書の観点は人それぞれ）のような性格の文献リストで，たとえば，日本図書館協会の『選定図書速報』などがある。

②主題書誌：ある特定の主題（テーマ）のもとに集められた文献リストであり，たとえば，『戦後インドネシア書誌』『言語学・英語学関係書誌』『津軽方言書誌』などがある。

③人物書誌：特定の人物に関する文献リストで，その人物自身が制作した文献と，その人物について他者が論じた文献（たとえば伝記や作品論など）のリストである。たとえば，『中島敦書誌』『三浦綾子書誌』『黒岩涙香の研究と書誌：黒岩涙香著訳書総覧』『17・18世紀のアイルランド人著作家の書誌』などがある。

④翻訳書誌：ある分野の翻訳書を対象とした書誌で，たとえば『日本におけるグリム童話翻訳書誌』などがある。

⑤解題書誌：文献の内容に関する紹介が添えられた文献リストである。これは主題書誌や人物書誌のような収録文献の特徴による分類とはまた別の，文献リスト自体の特徴による分類である。

⑥全国書誌（national bibliography）：一国内の出版物の包括的なリストであり，その編集は，その国の国立図書館の役割の1つとなっていることが多い。日本では，国立国会図書館が『日本全国書誌』を編纂しており，Web上では週刊で提供されている。

⑦究極的な書誌としては，全世界の出版物のリストとしての世界書誌を考えることもできる。しかし，これは概念として考えられるということであり，完成された実用的なものはない。

⑧さらに，書誌をリスト化したものとして，書誌の書誌（bibliography of bibliographies）がある。たとえば，『SF書誌の書誌』『アイヌ文化関係書誌の書誌』などである。

なお，タイトルに「目録」と書かれている資料であっても，資料の種類としては書誌であるというものも多数存在する。たとえば，『アジア・アフリカ関係図書目録』は，タイトルに目録という名称が付いているが文献の所在情報は含んでいないので，資料の種類としては書誌にあたる。

b．NDL-OPAC

前掲の⑥で述べたように，『日本全国書誌』とは，日本国内の出版物の包括的なリストである。ところで，日本国内で発行されたすべての出版物は，国立国会図書館法（昭和23年2月9日法律第5号）によって，国立国会図書館（NDL，National Diet Library）に納入することが義務づけられている（納本制度）。したがって，『日本全国書誌』は，国立国会図書館の蔵書目録でもある。目録については次節で詳しく取り上げるが，最近のほとんどの目録はOPACと呼ばれるシステムとしてオンラインで検索できるようになっている。NDL‐OPAC（https://ndlopac.ndl.go.jp/，巻末資料2）とは，国立国会図書館のOPACのことであるが，NDL-OPACは，『日本全国書誌』の書誌情報の検索ツールとして利用することができる。ある資料の書誌情報を知りたい際だけでなく，あるキーワードに該当するこれまでの日本の出版物を網羅的に知りたい際などにも活用できることを覚えておこう[1]）。

第3節　目　録

a．目　録

目録（catalog）とは，「所在情報を含んだ文献リスト（書誌情報＋所在情報）」のことであり，情報メディアのカタログのことである。一般的にも，たとえば商品カタログといえば，そこで実

際に販売されている商品の一覧のことであるが（生産終了などで商品がなくなると「カタログ落ち」などといってカタログには記載されなくなる），同様に，ある図書館の目録は，その図書館に実際に所蔵されている資料の一覧のことである（ただし，写真のないカタログである）。

b．OPAC

OPAC（Online Public Access Catalog）とは，各図書館の利用者向けのオンライン閲覧目録のことである。発音は「**オパック**」でも「**オーパック**」でもよい。OPACには，通常，図書館内のコンピュータや自分のパソコンからアクセスすることができる。

OPACを使えば，その図書館が所蔵している資料を見つけることができる。最近は館内だけでなく，インターネット上にOPACを公開している図書館も多い。とはいえ，OPACという言葉自体は，図書館に慣れていない利用者にはわかりにくい。そのため，館内では「検索コーナー」，Webサイトでは「資料検索」などと表記されることが多い。

OPACでは，資料のタイトル，著者・編者，出版者，出版年，分類記号といった書誌情報や，請求記号などの所在情報などから，資料を検索することができる。

注意すべきは，OPACの検索対象は，その図書館が所蔵している資料だけ[2]であって，世の中のあらゆる資料を検索できるわけではないという点である。つまり，OPACで見つからないからといって，世の中にそのような資料がないことにはならない。この点は，利用案内においても配慮する必要がある。

たとえば，日本最大のOPACは，前述のNDL-OPACである。国立国会図書館には，納本制度により，建前上，国内で発行されたすべての出版物が納入されているはずであるが，実際は，地方限定の出版物などは収集できていないものもある。また，日本国内の出版物に限られているので，その点からも，あらゆる資料の検索ができるわけではない。

また，各図書館のOPACは，個々に設計が異なるため，それぞれにクセのようなものがある。そのため，実際にOPACを利用するには工夫が必要な場合があることも覚えておこう。たとえば，共著者が3人以上の資料の場合には，後のほうの著者は書誌データの上で省略されてしまっていて，著者名で検索してもヒットしないことがある。そのような場合は，書誌事項をまずNDL-OPACなどで調べ，一人目の著者（ファーストオーサー）で検索しなおすといった工夫が必要である（OPAC画面の例は巻末資料3を参照）。

c．横断検索

横断検索とは，複数のOPACを同時に検索できるシステムである。たとえば，都内の区市町村立図書館のOPACを同時に検索できるシステムとして，東京都立図書館統合検索（巻末資料4）がある。自館で見つからない資料もどこかにあるかもしれない。横断検索は，そのような場合に利用すると便利なシステムである。ただし，横断検索は複数の目録を検索するので，通常の場合（1つの目録を検索する場合）よりも多少時間がかかってしまう。この点は，横断検索と後述の総合目録の，利用者側から見たちがいといえる。

d. 総合目録と書誌ユーティリティ（CiNii Books と NII）

総合目録（union catalog）とは，2機関以上のデータを集めた目録であり，書誌情報と2機関以上の所在情報をもつ目録である。複数の目録の単なる寄せ集めではなく，1つの目録として編成されたものであるから，横断検索よりも効率のよい検索が可能である。総合目録を利用すれば，どの参加図書館に目的の資料が所蔵されているかを容易に知ることができる。

総合目録を維持・管理する組織を，一般に「書誌ユーティリティ」（bibliographic utility）と呼んでいる（ユーティリティとは電気や水道のような公益事業またはその施設をさす言葉である）。書誌ユーティリティは，総合目録を作成するためのシステムをオンラインで参加機関に提供する。書誌ユーティリティ自体は図書館ではないが，図書館間の相互協力の推進なども業務の1つとしておこなっている場合が多い。

図 7-1　総合目録と書誌ユーティリティ

日本最大の総合目録は，全国の学術図書館が参加する CiNii Books（http://ci.nii.ac.jp/books/）である[3]。その書誌ユーティリティは NII（National Institute of Informatics，国立情報学研究所）で，NACSIS-CAT という総合目録作成システムを，オンラインで参加機関に提供している。世界最大の総合目録は，世界各国の大学図書館や公的機関が参加する WorldCat（http://www.worldcat.org/）である。その書誌ユーティリティは OCLC（Online Computer Library Center）で，OCLC Connexion という総合目録作成システムを提供している（図 7-1）。

横断検索や総合目録は，複数の図書館間での資料の相互貸出を効率化する役割を担っていることが多い。図書館間での資料の相互貸出は ILL（Inter-Library Loan，図書館間相互貸借）とよばれ，図書館間の重要な相互協力の1つとなっている。ILL に参加している図書館であれば，目的の資料がその図書館になくても，利用者は ILL での資料の取り寄せを依頼することができる。

第4節　著作権フリーの電子図書館

a. 青空文庫

青空文庫（写真 7-1）は，著作権の消滅した作品[4]や，著作権者が公開を許可した作品をインターネット上で無償提供している電子図書館である。夏目漱石や森鷗外をはじめとする日本の文豪たちの作品を中心に，1万作品以上が提供されている。

一般に，書籍の電子化の方法は，本を画像としてスキャンする方法と，テキストデータとして

書き起こす方法がある。青空文庫では，テキストデータの豊富な利用可能性[5]という点から，後者の方法が採用されている。しかし，作品のテキストデータ化は，入力と校正という膨大な手間がかかる。青空文庫では，これらの作業はボランティアによって支えられている。

　青空文庫に収録されている作品は，トップページに設置されているサイト内検索用のGoogle検索ボックスを利用して検索できる。また，作家別，作品別の総合インデックスや，日本十進分類法にもとづいて内容別に分類された分野別リストを利用することもできる。

b. Project Gutenberg

　Project Gutenberg（プロジェクト・グーテンベルク，写真7-2）[6]は，青空文庫と同様，著作権の消滅した作品をインターネット上で無償提供している電子図書館である。電子図書館としては

写真7-1　青空文庫のトップ画面
http://www.aozora.gr.jp/ （'13.6.23 現在参照可）

写真7-2　Project Gutenbergのトップ画面
http://www.Gutenberg.org/wiki/main_page （'13.6.23 現在参照可）

最古のものとして知られており，その始まりは，インターネットが一般に広がる以前の1971年にまで遡る。英語圏の作品を中心として，2011年現在で3万6000作品以上が提供されており，わずかながら日本語の作品もある。

　Project Gutenbergという名称は，活版印刷の父として知られるグーテンベルクにちなんで，創始者のマイケル・S・ハート（Michael S. Hart, 1947-2011）が名づけたものである。グーテンベルクによって開発された活版印刷術が書籍を一般に広めることに貢献したように，Project Gutenbergは「電子書籍の作成と配布を促進すること」[7]をその使命としている。

第5節　情報メディア・文献の検索から入手まで

　本章で解説した情報源を使って，図書，雑誌，CD，DVDなどの各種情報メディアや文献を探し出し，入手するまでの手順をまとめると，図7-2のようになる。

　原則として，まず求めるメディア・文献の書誌情報が必要である。正確な書誌情報を得るには，NDL-OPACを利用するとよい。書誌情報がわかれば，利用図書館のOPACで所蔵を確認することができる。ただし，古典作品であれば，その前に青空文庫やProject Gutenbergなどの電子図書館を確認するのもよいだろう。利用したい図書館に所蔵がなければ，CiNii Booksなどの総合目録や，横断検索で所蔵館を探し，相互貸借（ILL）を依頼することができる。

図7-2　情報メディア・文献の検索から入手までのフローチャート

設問

(1) CiNii BooksとNACSIS-CATの関係を，900字以内で説明しなさい。
(2) NDL-OPACで書誌情報を検索し，調べた書誌情報を使って，普段利用している図書館のOPACとCiNii Booksを検索して，所蔵状況を調べなさい。

参考文献
1. 宮澤彰『図書館ネットワーク：書誌ユーティリティの世界』（国立情報学研究所監修情報学シリーズ 5）丸善，2002 年
2. 野口英司『インターネット図書館 青空文庫』はる書房，2005 年

注）
1) 2012 年 1 月より，「国立国会図書館サーチ」（NDL-Search）という 205 のデータベースを対象とした大規模なデータベース検索サービスシステムの提供が本格的に始まっている。図書以外の資料に関しても統合的に検索できること，ほかの図書館や，図書館以外の機関がもつ資料についても検索できること，書誌データの早期提供を掲げ，PC 版だけでなく，携帯電話やスマートフォンに最適化したユーザーインターフェースの開発などにも力を入れている。NDL-Search は今後も改良が進められると思われるので，動向に注目したい（参考：2012 年 10 月 7 日，国立国会図書館データベースフォーラム 2012，資料 3（原田隆史「国立国会図書館サーチの開発経緯と機能・特長」），資料 4（中世古亜希子「国立国会図書館サーチを知る・使う」））。
2) ただし，最近はインターネット上の情報資源も併せて検索できる OPAC もある。このような機能をリンクリゾルバという。詳しくは本シリーズ第 2 巻『図書館情報技術論』参照。
3) CiNii Books は NACSIS Webcat（ナクシス・ウェブキャット）の後継サービスとして平成 23 年度後半から提供が開始された。
4) 日本では，著作権は著作者の死後 50 年（映画は 70 年）で消滅する。アメリカやヨーロッパなどでは，著作者の死後 70 年まで著作権が保護されており，日本でも 70 年に延長するか否かが検討されているが，青空文庫は著作権の保護期間延長に反対している。http://www.aozora.gr.jp/shomei/（'13.6.23 現在参照可）。
5) テキストデータであれば，読み上げソフトの使用や，背景と文字色のコントラスト調整などが個別に可能である。これは，たとえば視覚障がい者の利用に寄与する。
6) http://www.gutenberg.org/（'13.6.23 現在参照可）。
7) Project Gutenberg Mission Statement，最終更新日 2011 年 11 月 21 日。http://www.gutenberg.org/wiki/Gutenberg:About（'13.6.23 現在参照可）。

8 各種情報源の特質と利用法(2) －論文・記事を探す－

　雑誌や新聞の一部分を構成する「論文」や「記事」は，1つひとつの内容的な独立性が高い。そこで，論文や記事を単位として検索できるようにした「記事索引」という情報源がある。本章では「記事索引」を中心に，論文・記事を探すための情報源の特質と利用法について解説する。

第1節　専門的な論文，学術・文化に関する記事

a. 学術雑誌の役割

　学術雑誌（scientific journal）は，研究者が最新の知見を共有するための中心的なコミュニケーションツールであり，研究分野ごとに細分化されている。専門家による論文・記事の投稿によって，研究成果が学術雑誌に掲載・公開されることにより，その分野の知見が積み重ねられていき，それを参照した別の研究者によって，さらに新たな研究がおこなわれていくのである。

　学術雑誌の役割の1つは，研究成果の迅速な公開にある。とくに自然科学系の分野では，激しい研究競争がおこなわれており，学術雑誌を通じた研究成果の迅速な公開は，先取権確保という点でも重要である。近年では学術雑誌の電子ジャーナル化が進んでいる。印刷版よりも迅速に研究成果が公開されること，その論文に読者がWeb上からアクセスできることが特徴である。

　また，学術雑誌に掲載される論文は，その分野の専門家たちによる審査をパスしたものに限られている場合が多い。この審査のことを「査読」（peer review）という。査読により研究成果の内容を保証することも，学術雑誌の役割の1つとなっている。

b. オープンアクセス

　このように，学術雑誌は，学問の発展のために重要な役割を担っているが，同時に，少数の有力商業出版社による市場支配（寡占）や，それに起因する価格高騰などの問題をかかえてきた。オープンアクセス（open access）とは，このような状況を変革しようとする流れのなかで生まれた新しい出版形態で，学術論文をPDFなどの形式で電子化してインターネット上で無料公開し，誰でも自由に利用できる状態にすることをいう。オープンアクセスの意義は，単に無料で論文が読めるということだけではない。本質的には，学術コミュニケーションの主導権を，少数の商業出版社から研究者自身の手に取り戻そうとする，より大きな意図を背景としており，とくに研究者を支援する立場の大学図書館とは深い関係にある[1]。

　オープンアクセスの文献は，単純にタイトルをサーチエンジンで検索することで見つけられる場合もあるが，より効率的な検索方法は，電子ジャーナルやオープンアクセスのジャーナルを集めたサイトを検索することである（大学図書館の多くはそうしたサイトを作成している）。オープンアクセスのジャーナルには，別途，印刷版が刊行されるものとされないものがある。つまり，

Web上にしか存在しない論文・記事もあるため，オープンアクセスの文献は基本的にWebを検索する必要があるということを覚えておこう。

c. NDL-OPAC雑誌記事索引

　日本語で書かれた論文や，学術・文化に関する記事の情報を探すための代表的な情報源は，国立国会図書館（NDL, National Diet Library）が提供する「NDL‐OPAC雑誌記事索引」（略称「雑索」，https://ndlopac.ndl.go.jp/）である。NDL-OPAC雑誌記事索引は，国立国会図書館が収集する学術系の雑誌に掲載された論文・記事の情報をデータベース化したもので，タイトル（論題）の一部や著者名を手がかりに，論文・記事の書誌情報を，インターネットを通じて無料で検索することができる。国内で刊行されたほとんどの学術雑誌の論文・記事が採録されており，幅広く論文・記事を検索する際には有用である。ただし，検索できるのは記事の書誌事項だけで，記事本文を読むことはできない（巻末資料2）。

d. CiNii Articles

　論文情報ナビゲータ「CiNii Articles」（http://ci.nii.ac.jp/）は，NII（National Institute of Informatics，国立情報学研究所）がWeb上で提供している学術論文・記事データベースの検索システムである（第6章の論理演算の説明で紹介したデータベースである）。CiNii Articlesは広範囲のデータベースを検索対象としており，前述のNDL-OPAC雑誌記事索引に加え，J-STAGE[2]，NII-ELS[3]などの学術論文・記事情報を一括で検索することが可能である[4]。

　CiNii Articlesでは，論文・記事の書誌情報だけでなく，電子ジャーナルや無料のオープンアクセスジャーナルの場合には，Web上で本文を閲覧することができる。収録された論文情報の数は1500万件，そのうちの370万件は本文が閲覧できる（2011年10月現在の発表）。有料公開の論文もあるが，オープンアクセスの論文・記事であれば利用登録なしで閲覧できる。

　また，CiNii Articlesではフリーワードによる簡易検索ができ，論文名，著者名，抄録など，登録されている論文・記事の書誌データのどこかに一致するワードがあればヒットする。もちろん論文名や著者名などに限定した詳細検索も可能である。

e. Google Scholar

　Google Scholar（http://scholar.google.co.jp/）[5]は，Google社が無料で提供するWeb上の学術資料の検索ツールである。これは厳密にはデータベースではないが，日本語文献を含めて，Web上に存在する世界中の膨大な学術資料を簡単に検索することができ，学術雑誌の記事索引としても有用である。

　Google Scholarでは，通常のGoogle検索と同様の検索エンジン（検索のためのモジュールの意）が使用されており，論文名，雑誌名，著者名，本文の一部などから柔軟に検索することができる。通常のGoogle検索とのちがいは，検索結果が論文単位で示される（同じ論文がWeb上の複数のサイトに存在する場合にそれらをまとめて表示してくれる）点，ヒットした論文を引用している論文へのリンクが示される点，本文がPDFなどでWeb上に存在すれば，そこへのリンクが示されるといった点にある。

第2節　一般的な社会・芸能に関する記事

　一般的な週刊誌などに掲載される社会・芸能に関する記事は，NDL-OPAC 雑誌記事索引にはほとんど採録されておらず[6]，もちろん CiNii Articles や Google Scholar の検索対象にも含まれていない。社会・芸能に関する記事は，学術的な記事とは別の情報源にあたる必要がある。

a. ニュースサイト

　最近のニュースであれば Web 上に多数存在するニュースサイトで検索，閲覧することが可能である。ニュースサイトは，新聞社や通信社，テレビ局などが，新聞記事やテレビニュースとして別媒体で提供しているニュースを Web 上にも掲載するというかたちで運営されているものが多い。

　ニュースサイトのメリットは，最新のニュースを迅速に知ることができるという点にある。多くのニュースサイトには検索ボックスがあり，キーワードから記事を検索できるようにもなっている。しかし，記事の一部だけが無料公開で，詳細は有料とされているサイトや，掲載から一定期間経過すると記事が削除されたり，無料で参照できなくなったりするサイトが多く，安定的な情報源としての役割は期待できない。

b. 新聞記事データベース

　新聞の記事索引としては，新聞各社が構築している新聞記事データベースがある。たとえば，朝日新聞は「聞蔵Ⅱビジュアル」（http://database.asahi.com/library2/，'13.5.5 現在参照可），読売新聞は「ヨミダス歴史館」（http://www.yomiuri.co.jp/rekishikan/，同前），毎日新聞は「毎索」（http://mainichi.jp/contents/edu/maisaku/，同前）といった具合で，全国紙だけでなく地方紙や専門紙も記事データベースを構築しているものがある。また，そうした各紙データベースの横断検索を提供している Web サイトもいくつか存在する。外国紙では，米国，英国，カナダなどの主要紙を検索できる DialogNews（http://www.dialogselect.com/news/ 同前）が有名である。しかし，こうした新聞記事データベースの利用は，いずれも基本的に有料である。新聞記事データベースでは，記事の本文だけでなく，紙面イメージなどを閲覧できる場合もある。

　なお，これらのデータベースで対応できない場合，レフェラル（他機関紹介）サービスとして，新聞の専門図書館である「新聞ライブラリー」[7]（横浜市中区）を紹介することも考えられる。

c. 日経テレコン

　㈱日本経済新聞デジタルメディアが提供する日本最大級の会員制ビジネスデータベースサービス。過去30年分の新聞・雑誌記事から国内外の企業データベース，人物プロフィールなど，幅広いビジネス情報を収録する。昨今，都市部の図書館ではビジネス支援に力を入れている館が多いが，「信頼性の高い情報だけを検索できる，ビジネスのための情報ツール」[8]として，このデータベースは必須ともいうべき位置づけをもつ。

　日経テレコンの「記事検索メニュー」では，新聞や雑誌などさまざまな媒体の記事を検索可能で，ビジネス支援に限らず，一般のレファレンスサービスでも威力を発揮する（表8-1）。新聞記事は，冊子体の縮刷版でももちろん利用できるが，それぞれの新聞ごとに該当する年度のその

月の冊子を取り出さなければならない。日経テレコンは，一回の手間で各紙にわたって横断的に検索できるだけでなく，全国紙から年鑑，辞書までをも一つの画面から一度に検索できる，記事をピンポイントに探し出せるのはもちろん，ビジネス，企業，人物，地域など，多様なキーワードを組み合わせて情報収集ができるなど，電子媒体ならではの強力な機能をもつ。

表8-1 日経テレコンの「記事検索」の範囲

新聞記事	海外情報	雑誌記事	ニュース	信用情報	調査・統計・マーケティング	書籍・年鑑・辞書

　検索した記事の本文は，ブラウザで閲覧可能な形で表示され，テキスト形式の利用や印刷もできる。課金方法はもっぱら従量制（受け取ったデータ量に応じて課金される）で，たとえば，契約1IDで月額8000円の基本料金に加えて，全国紙の場合，見出しの表示ごとに1件あたり5円，本文表示で75〜100円の情報利用料金がかかる（2013年4月現在）。新聞記事は，配置や見出しの大きさなども重要な意味をもつことがある。一部の新聞や雑誌の記事に限られるがpdf形式により，そのイメージをつかむこともできる。料金は割高になる。個人ではなかなか賄いきれない。また，公共図書館などでは，年度予算編成の都合上，固定料金制であることが望ましい[9]。

d. 大宅壮一文庫雑誌記事索引

　一般的な週刊誌やファッション雑誌などの記事索引としては，「大宅壮一文庫雑誌記事索引」が有用である。大宅壮一文庫（東京都世田谷区に本館，埼玉県入間郡に分館，http://www.oya-bunko.or.jp/,'13.6.23現在参照可）は，私立の雑誌専門図書館であり，ジャーナリスト・評論家の大宅壮一（1900-1970）が生前に収集した一般雑誌を主とする資料を継承，整理し，広く公開するために設立された財団法人である。大宅壮一文庫雑誌記事索引は，大宅壮一文庫が所蔵，収集している週刊誌，総合誌，女性誌，ファッション誌などから作成されている記事索引である。かつては冊子体として刊行されていたが，のちにCD-ROM化され，現在は，1988（昭和63）年以降のデータであればWeb版（http://www.oya-bunko.com/, 同前）を利用できる。ただし，教育機関と公立図書館用であり，事前に有料の年間契約が必要である。

　大宅壮一文庫雑誌記事索引の最大の特徴は，ほかの機関があまりおこなっていない一般誌の記事を検索対象としている点にある。さらに，人物別，事項・事件別にも分類されており，それぞれ人名，件名として索引づけられている点も特徴的である。大宅壮一文庫雑誌記事索引から直接に記事本文を確認することはできないが，ヒットした記事の件数に注目するという利用方法もある。たとえば，2000〜2007（平成12〜19）年までの各年を範囲として「北朝鮮　AND　拉致」で検索した結果を図8-1に示す。「雑誌は時代を写す鏡」ともいわれるが，日朝首脳会談がおこなわれた2002（平成14）年と2004（平成16）年は，雑誌記事の数も突出していることがわかる。

図8-1 北朝鮮拉致関連の記事件数

第3節　論文・記事の検索から入手まで

　本章で解説した情報源を使って，学術論文，新聞記事，一般雑誌の記事などを探し出し，入手するまでの手順をフローチャートにすると図 8-2 のようになる[10]。

　学術論文を代表とする学術・文化に関する記事の場合，まずは CiNii Articles や Google Scholar などで記事情報を検索する。その記事がオープンアクセス文献であれば，本文をすぐに閲覧できる。そうでない場合は，記事情報のなかの掲載誌名や巻号を確認して，利用図書館の OPAC や CiNii Books などで掲載誌の所蔵確認をおこなう必要がある。オープンアクセス文献でなくとも，電子ジャーナルとして利用できる場合もあるので，所属組織で利用できるデータベースや（学術）機関リポジトリなどを確認するのもよいだろう。

　新聞記事や一般雑誌の記事の場合，基本的に有料であるが（所属組織が契約している場合もある），各社の新聞記事データベースや大宅壮一文庫雑誌記事索引などで，まずは記事情報を検索する。新聞記事データベースであれば，記事本文をその場で閲覧できる場合が多い。大宅壮一文庫雑誌記事索引では，記事本文は閲覧できないので，利用図書館の OPAC や CiNii Books などで掲載誌の所蔵確認をおこない，利用するという流れになる（図 8-2）。

図 8-2　論文・記事の検索から入手までのフローチャート

設問

(1) NDL-OPAC 雑誌記事索引で論文を検索し，普段利用する図書館でその論文の掲載雑誌が利用できるか確認しなさい。

(2) CiNii Articles をなんらかのキーワードで検索し，オープンアクセス文献を閲覧しなさい。

参考文献
1. 倉田敬子『学術情報流通とオープンアクセス』勁草書房，2007 年
2. 根岸正光［ほか］『電子図書館と電子ジャーナル：学術コミュニケーションはどう変わるか』（国立情報学研究所監修情報学シリーズ 8）丸善，2004 年

注）
1) オープンアクセスを支援してきた SPARC (the Scholarly Publishing and Academic Resources Coalition) という組織は，1990 年代末に欧米の大学図書館が中心となって立ち上げられた。SPARC は，「学術研究の普及拡大と，図書館の財政圧迫を減少させる新たな学術コミュニケーションモデルの出現を刺激すること」http://www.sparc.arl.org/about/index.shtml ('13.6.23 現在参照可) に注力するとしている。日本でも 2003（平成 15）年から NII（国立情報学研究所）が主体となって組織した SPARC Japan が活動しており，オープンアクセスの支援等を通じて「学術コミュニケーションの変革」がめざされている。http://www.nii.ac.jp/sparc/ ('13.6.23 現在参照可)。
2) J-STAGE は，独立行政法人日本科学技術振興機構（JST）が提供する電子ジャーナル発行支援システムである。http://www.jstage.jst.go.jp/browse/-char/ja ('13.6.23 現在参照可)。
3) 「NII-ELS 学協会刊行物」には，日本国内の学協会が発行する学術雑誌に掲載された論文本文が，「NII-ELS 研究紀要」には，大学等が刊行する研究紀要に掲載された記事情報が収録されている。
4) CiNii Articles に収録されているデータベース一覧は，「CiNii について－CiNii Articles 収録データベース一覧」http://ci.nii.ac.jp/info/ja/cinii_db.html ('13.6.23 現在参照可)，また，CiNii Articles の仕組みについては「CiNii について－CiNii Articles について」http://ci.nii.ac.jp/info/ja/cinii_articles.html ('13.6.23 現在参照可) を参照のこと。
5) Google Scholar のトップページには，「巨人の肩の上に立つ」という標語が示されている。これは，先人による研究の蓄積があるからこそ，その先の学術的成果があるという意味である。
6) 近年，一般週刊誌の一部は NDL-OPAC 雑誌記事索引にも採録されるようになった。しかし依然として，それは全体のごく一部である。
7) 新聞ライブラリーは，日本新聞協会加盟社が発行する日刊新聞を，原紙，縮刷版，マイクロフィルム，CD-ROM，オンラインデータベースなどで収集・保管し，無料で一般公開している。http://newspark.jp/library/ ('13.6.23 現在参照可)。
8) 日経テレコンホームページ「記事検索」http://t21.nikkei.co.jp/public/guide/article/index.html ('13.6.30 現在参照可)。
9) 日本図書館協会は，2003（平成 15）年 4 月以来，日本経済新聞デジタルメディアとの交渉の末，従量制から定額制（固定料金制）への移行を斡旋仲介してきたが，同協会の収益事業の悪化にともない，2013（平成 25）年 3 月末をもって仲介業務を終了した。http://www.jla.or.jp/Portals/0/data/content/事務局・事業/データベース/20121226.pdf ('13.6.30 現在参照可)。
10) このほかに，記事や論文単位の書誌事項とその所在情報（掲載雑誌・掲載ページなど）をリスト化した「索引(index)」という種類のレファレンスツールもある。「索引」というと本の巻末にあるものを思い出すが，それとは別に，記事などを検索するための独立した「索引集」というタイプの資料があり，レファレンスサービスにも活用される。

9 各種情報源の特質と利用法(3) －事項・事実の検索－

　本章では，文献情報や論文・記事の情報ではなく，言葉の意味・統計調査の数値など，「事項・事実」のデータそのものを探すための情報源について解説する。従来は紙媒体のレファレンスブックが中心であったが，近年ではデジタル化資料も一部オンラインで公開されている。それらの特質と利用法を理解しよう。

第1節　事項探索のレファレンスプロセス

　実際に事項探索をおこなう際は，どのレファレンスツールを使用したほうが，より正確により迅速に得たい情報にたどりつけるかを判断しなければならない。第7章の図7-1にあげたように事項探索のレファレンスツールは多種あるが，これらのなかでどれを選択するかをまず判断しなければならない。

　レファレンスツールの種類を選択したならば，次にどのメディア（媒体）を選ぶかが重要になる。同じタイトルのレファレンスツールでも，たとえば『日本大百科全書』のように従来からの冊子体（全26巻）だけでなく，デジタルパッケージ化されたDVD-ROM版やPCからアクセスできるインターネット版（yahoo!百科事典やナレッジジャパンプラスのサイトで提供。第3節参照）など複数のメディアで提供されているレファレンスツールもある。冊子体・DVD-ROM版・インターネット版それぞれのメディアの特徴を把握したうえで選択をすることが大切である。

　たとえば『日本大百科全書』のインターネット版は，冊子体やDVD-ROM版では不可能であった情報更新・改訂作業が定期的におこなわれており，冊子体やDVD-ROM版では得られない最新の情報を入手することができる。

　しかしながら，インターネット版が，冊子体よりも常にすぐれているとは限らない。前述の『日本大百科全書』インターネット版で，冬の風物詩である「焼きいも屋」の起源について調べたいときに，「焼芋屋」「焼いも屋」「焼き芋屋」「焼きイモ屋」と入力しても，うまく検索することができない。「焼きいも屋」「やきいもや」と入力するとようやく「焼きいも」の項目がヒットして，「江戸の町に焼きいも屋が現れたのは，1793年（寛政5）の冬である」とわかる。このように，「焼きいも屋」という概念は同じにもかかわらず，漢字表記や送り仮名などちょっとした表記ちがいがあることで，インターネット版はうまく検索ができないこともある。こうした，いわゆる「表記のゆれ」は，デジタル化されたデータベースにはよくあることなので，うまく検索できない場合は，冊子体の索引を使用して調べたほうが効率的な場合もある。

第2節　ネットワーク情報資源の特質

a. ネットワーク情報資源とレファレンスブックとの併用

　インターネット上で利用可能な情報資源を総称して「ネットワーク情報資源」と呼ぶ。近年，古い資料・音声情報などをデジタル化して保存するデジタルアーカイブの事業が進められている。各図書館・情報センターでもそのような取り組みがおこなわれ，その一部はオンラインで公開されている。また，公的な統計データや法令データなどもオンラインで公開されている。本節では，これらオンラインで入手可能なデータの利用について述べる。

　まず注意すべき点は，レファレンスブックとネットワーク情報資源との併用である。辞書・事典・年鑑などは，従来の紙媒体のレファレンスブックが利用されることも多いが，調べる内容によっては，インターネット版のレファレンスツールでしか検索できない事柄もあるため，紙媒体のレファレンスブックとネットワーク情報資源とを相互補完的に使い分けて利用することが大切である。

　レファレンスライブラリアンは，利用者の求めに応じて，紙媒体のレファレンスブックとの併用を考慮したうえで，専門データベースなど適切なネットワーク情報資源を選択し，素早く検索し，情報の出典・信頼性が確認できるデータを提供する高度な情報リテラシーを身につけるよう，常に自己のスキルを磨かなければならない。

b. サーチエンジンを利用する際の注意

　インターネットを利用するとさまざまな情報を容易に得ることができるが，Webサイトのなかには編集・管理の責任体制が不明確なもの，提供される情報が不正確・不確実なものも数多くある。情報を探す手がかりが少ないとき，知りたいことが漠然としているときは，サーチエンジンを使って検索することもあるだろう。だがサーチエンジンではインターネット上に公開されているWebページの情報のなかから必ずしも適切な情報が見つかるとは限らない。サーチエンジンの利用において，注意すべき「落とし穴」は表9-1の次の4つである。

　とくに①に対しては，「一度であきらめない，満足しない」という態度が必要である。日常的な検索では，えてして，たった一度の検索で，検索結果の上位数件か，せいぜい1～2ページ見ただけで終わりにしてしまうことも多いが，レファレンスライブラリアンによる専門的な情報サービスのための検索としては，それではとうてい不十分である。キーワードの組み合わせを変えるなどして，さまざまな角度から情報検索をおこなう必要がある。さらに，②～④の注意点についても考慮し，Webサイトの信頼性を見極める必要がある。

表9-1　サーチエンジンを利用する際の注意点

①	必要な情報を網羅的に（もれなくすべて）探せるとは限らない
②	得られる情報が常に正しい（最新の）情報とは限らない
③	上位の検索結果が重要とは限らない
④	検索手段として効率的とは限らない（ほかに適切な情報源がある可能性もある）

表9-2　ドメインによるWebサイトの信頼性

ドメイン	発信元の組織などの性格	発信元の信頼性
① ac.jp	日本の高等教育機関・研究所などが使用	信頼できる
② go.jp	日本の政府機関が使用	信頼性は高い
③ ne.jp	日本のネットワークプロバイダー業者が提供するWebページに使用している	個人サイトも含まれるので信頼性は判断不能
④ or.jp	営利以外の法人団体が使用	判断不能
⑤ co.jp	日本の一般企業が使用	判断不能
⑥ .gov	アメリカの政府機関が使用	信頼性は高い
⑦ .edu	アメリカの高等教育機関が使用	信頼できる

c. Webサイトの信頼性

　Webサイトの内容や種類によって，ある程度の信頼性を評価することは可能であるが，最終的には，Webサイトの制作者，内容，デザイン・操作性から総合的に判断することが必要になる。その際の目安について，わが国のある研究では以下のように整理している[1]。

①制作者の存在が明示されている（制作者の解説，オフィスの写真，加盟会員リストなど）。制作者が誠実で信頼できる（信頼できるサイトからリンクされている）。制作者にコンタクトできる（住所，電話，FAX，メール，地図）。

②情報の内容が正確である（個々のページのタイトルが適切，情報の出典を明示）。情報発信者と提供されている。コンテンツやサービスに専門性がある。定期的に更新されている。小さな誤りがない（正しい日本語，誤字・リンク切れがない）。量が豊富（ほかのサイトへのリンクが充実）。

③デザイン・操作性がよい（見やすい，テーマが明確）。使いやすく便利である（ページ内のテーマが統一）。宣伝的な要素に節度がある。

　また，インターネット上の文書や画像などの情報資源がおかれている場所（発信源）の住所＝アドレスのことを，URL（ユーアールエル，Uniform Resource Locator）という。URLの最後の部分（ドメイン）は，発信元の組織などがどのような性格をもつかを示すもので，ここからもある程度，情報の信頼度を判別することができる（試しに表9-2をつくってみた）。

第3節　ネットワーク情報資源の種類と利用法

　本節では，前節で述べたネットワーク情報資源の特質をふまえたうえで，調査する内容にそって，レファレンスツールとなるインターネット版レファレンスツールを紹介していく。無料で利用できるものと，契約が必要で有料なものとがあるが，市民の情報アクセスを保障する公共図書館では，有料データベースの導入も積極的に検討・実施すべきである。

a. ことばの意味，ことがらの説明

インターネット上にはサーチエンジン，多くの辞書，事典サイトが公開されているが，図書館におけるレファレンスサービスとしては，信頼性の高いネットワーク情報源を利用して利用者に情報を提供する必要がある[2]。図書館のレファレンスサービスに利用できるインターネット版レファレンスツールとして，以下のサイトが代表的である。

■「Yahoo!百科事典」（無料）
■「ジャパンナレッジ プラス」（有料）

なお，歴史上の事実を調べるには，ネットワーク情報資源は信頼性の面で不確実なものも多いので紙媒体のレファレンスブック（第10章参照）を中心に調べたほうがよい。また人物の情報については，別途専門のデータベースが存在するが，本人が未確認の情報が多く信頼性に問題が残るデータも一部ある。レファレンスサービスにおいてはあくまでも参考情報として提示するにとどめるべきである。

b. 地図・地理情報

■「Google Map」「Google Earth」（無料）

地図，衛星航空写真，3Dの建物など，世界中の地理空間を検索することができ，拡大縮小もできる[3]。「Yahoo! JAPAN」地図検索（無料）でも同様に，世界中の地図，衛星航空写真をみることができる。

c. 統計情報

最新の統計データの数値を活用するとレポートや論文の説得力が高まる。現在，多数の機関からさまざまな種類の統計情報がネットワーク情報資源として公開されているが，代表的なものとして，以下の2つをあげる。

■政府統計の総合窓口「e-Stat」（無料）http://www.e-stat.go.jp/SG 1/estat/eStatTopPortal.do
　政府統計の総合窓口サイト。民間統計や海外の統計機関へリンクもある。
■OECD iLibrary（有料）http://www.oecd-library.org/
　OECD（経済協力開発機構，Organisation for Economic Co-operation and Development）の各種出版物（単行書，雑誌）の内容を収録する大規模なデータベースで，全文表示が可能である。統計データについても，冊子版より早く入手することができる。

d. 立法に関する情報（議会・法令情報）

国権の最高機関である国会を支援するための図書館として，国立国会図書館（NDL）の提供する以下のデータベースが利用できる（すべて無料）。これらは国民主権の法治国家を支える図書館員として，市民からの質問に回答するために知っておくべき情報資源である。

■法令データ提供システム（無料）http://law.e-gov.go.jp/cgi-bin/idxsearch.cgi
　法令（憲法・法律・政令・勅令・府令・省令・規則）の条文を検索できる（後述する「電子政府の総合窓口」の一部である。）。
■国会会議録検索システム（無料）http://kokkai.ndl.go.jp/

「詳細検索」からは，特定のキーワードを含んだ議員の発言なども検索できる。検索結果一覧に表示された「会議名」をクリックするとテキスト化された当該発言部分が表示され，検索語から絞った場合はその検索語がハイライトされる。

■帝国議会会議録システム http://teikokugikai-i.ndl.go.jp/

明治時代から昭和初期までの帝国議会全会期（明治23年11月～昭和22年3月）の本会議・委員会の速記録を，デジタル画像で利用できる。1945（昭和20）年9月以降の速記録については，発言内容からの検索やテキストによる閲覧もできる。

■日本法令索引 http://hourei.ndl.go.jp/SearchSys/

法令の改正履歴（明治19年2月公文式以降）と法案・条約承認案の審議経過（帝国議会・国会）について，会議録の画像またはテキストを参照できる。

■日本法令索引（明治前期編）http://dajokan.ndl.go.jp/SearchSys/index.pl

慶応3（1867）年10月の大政奉還から明治19（1886）年2月の公文式施行にいたるまでに制定された法令の改正経過が検索できる[4]。

e. 行政に関する情報（政府・自治体の情報）

具体的な行政手続きの方法については専門の担当部署（省庁や市役所など）が対応するわけだが，市民をそこへ導くこともまた，図書館員の役割であるといってよいだろう。

■電子政府の総合窓口 イーガブ（e-Gov）http://www.e-gov.go.jp/

政府（国，中央政府）に関係するネットワーク情報資源として，総務省が提供している。「行政手続案内検索」では，生活に必要な行政手続きを，名称やライフイベントなどから探すことができる[5]。

地方自治体（地方公共団体，地方政府）についてのネットワーク情報資源としては，各地方自治体（都道府県・市区町村）のWebサイトが中心となるが，そのほか，財団法人・地方自治情報センター「LASDEC」（Local Authorities System Development Center）のサイト（http://www.lasdec.go.jp/cms）がある。

f. デジタルアーカイブ

古い資料や写真を画像データとしてデジタル保存したデータベースが「デジタルアーカイブ（digital archives）」である。図書館で古い資料の実物を閲覧するのは，資料の劣化，図書館への来館に要する手間などの点で，物理的にむずかしい。デジタル化するメリットは，古い資料の劣化を防止し保存・提供に耐えうるかたちにできること，デジタルデータの公開により，即時に閲覧・印刷でき，利用者のニーズをすばやく満たすことができる点である。大学や博物館，研究所などが

写真9-1 近代デジタルライブラリーで閲覧した夏目漱石『吾輩ハ猫デアル』[6]

個別に提供しているデジタルアーカイブも多数あるが，ここでは，公共図書館員が心得ておくべき最も代表的なデジタルアーカイブを紹介する。

■国立国会図書館近代デジタルアーカイブ

　明治以降に刊行された図書・雑誌で，インターネットで閲覧可能なデジタル化資料を公開している。検索結果から，見たい画像に移動し，コンテンツを閲覧・印刷できる。本文画像1枚ごとにURLが存在するので画像単位でリンクが可能である。またPDFを作成して印刷が可能である。

設問

(1) 国立国会図書館近代デジタルライブラリーを用いて，古典籍資料（貴重等）や歴史的音源を実際に調べてみなさい。
(2) 日本法令索引を用いて，著作権法の法令沿革，審議経過について調べなさい。さらに，総務省法令データ提供システムを用いて，現行法の条文を調べなさい。

参考文献
1. 藤田節子『図書館活用術―情報リテラシーを身につけるために―』新訂第3版，日外アソシエーツ，2011年
2. 木本幸子『図書館で使える情報源と情報サービス』日外アソシエーツ，2010年

注）
1) 長谷川豊祐著『レファレンス資料の解題2010年』（鶴見大学図書館司書・司書補図書館職員養成講座夏期講習資料）より抜粋要約。
2) Wikimedia Foundationの「Wikipedia（ウィキペディア）」は日常的に頻繁に使用される代表的なWeb百科事典であるが，不特定多数が項目を設けたり内容を書き換えたりすることができるため，信頼性の点では問題がある。項目によっては充実した内容が述べられており，確認できる典拠が示されている学術的な内容のものもあるが，レファレンスにおいては，探索の手がかりとして使うにとどめ，Wikipediaの情報そのものを提供することは控えるべきである。
3) 国・地域により，閲覧できない場所もある。
4) 出典となる資料が国立国会図書館の「近代デジタルライブラリー」または国立公文書館の「デジタルアーカイブ」に収録されている場合には，リンクにより法令の本文も参照できる。キーワード検索では，法令の通称名からも検索できる（例：廃刀令＝『大礼服並ニ軍人警察官吏等制服着用ノ外帯刀禁止』）。
5) たとえば，個人向けでは「生まれる／育てる」「結婚する／離婚する」「亡くなる」「住所／住居」「納税する」「登記／供託」「社会保障」「恩給を受ける」「治療を受ける」「自動車等の運転に関すること」「お金に関すること」「レジャー」「ペット」「仕事に就く」「休職／退職／失業」「免許・資格に関すること」「知的財産権」「選挙」「戸籍」「障害をお持ちの方へ」「外国人の方へ」といった項目について，必要な行政手続きを検索することができる。
6) 「近代デジタルライブラリー」『我輩ハ猫デアル．上』（'13.6.23現在参照可）http://kindai.ndl.go.jp/info:ndljp/pid/888725

10 各種情報源の評価と解説

　この章では，代表的なレファレンスツールを取り上げて解説し，評価する。現在，レファレンスブック（参考図書）の多くが冊子体から電子メディア・データベースへ移行しているが，遡及的情報の調査などでは，これらデジタル資料のみでは完全な対応ができず，依然として冊子体の参考図書が必要とされる場面が今日でも多くみられる。図書館にはさまざまな事柄について調べられるように，豊富なレファレンブックが揃っているので，調べたい内容に合わせて適切なものを選択できるようにしておこう。

第1節　レファレンスブックの評価

a. 評価の目的

　これまで各章で説明してきたように，図書館でレファレンスサービスをおこなううえでの情報源となるレファレンスブックには，さまざまなものが存在する[1]。実際にレファレンスサービスをおこなう際には，利用者の情報ニーズをきちんと把握して，適切な回答を提供する必要があり，そのためには，①主題（何を調べたいのか），②要求条件（どのくらいの量・時間）を考慮したうえで，適切なレファレンスブックを選択することが重要となってくる。

　たとえば，「紅葉」について調べようとするとき，①その漢字の読み方を調べるのであれば漢和辞典を，②その意味を調べるのであれば国語辞典を，③植物としての分類を調べるのであれば植物事典を，と何を調べるのかということに着目しても，用いるレファレンスブックはちがってくるだろう。また，漢字の一般的な意味だけでなく，語源などをさらに詳しく調べようとすれば，語源事典などを利用することになろう。

　このように，調べたい事柄に対してどのようなレファレンスブックを使用すればよいかということを基礎知識として知っておく必要があり，そのうえでさらに，その図書館において，実際に利用可能なレファレンスブックは何があるのかということを，常に把握し，評価しておく必要がある。

　図書館においてレファレンスブックを評価する目的としては，①より適切なレファレンスコレクションを構成するため，②自館に必要なレファレンスブックの選択・受入のため，③自館で所蔵するレファレンスブックや新刊のレファレンスブックの利用上の価値を理解するため，④利用者にそれを紹介するため[2]ということが考えられ，目的によっても評価の観点がちがってくる。このため利用者の利用情況と個々のレファレンスブックの掲載内容や使いやすさなどを勘案し，正当な評価をおこなっていく必要がある。

b. レファレンスブックの利用状況

　レファレンスブックの正当な評価をおこなうためには，各図書館における利用状況の把握が重

要となってくるが，貸出が可能な図書や雑誌などとはちがい，一般的にレファレンスブックの大半は館内のみでの利用となることから，利用状況の把握はむずかしい[3]。しかし、図書館の多くがレファレンスサービスの記録として，レファレンス事例集を作成しており，レファレンスブックの利用状況を知る手がかりとすることができる。

　国立国会図書館の提供している「レファレンス協同データベース」[4]は，国内の各種図書館におけるレファレンスサービスの事例を蓄積している。それらを分析した研究[5]によれば，資料の主題別の利用状況の割合をみると，2類（歴史）・3類（社会科学）の2つの分野だけでレファレンス全体の60％を占め，ついで0類（総記）が16.4％，9類（文学）が7.0％という順になっていることが判明した（表10-1）。この結果により，実際のレファレンブックの利用は特定の主題に偏った利用がなされているという情況がみえてくる[6]。

表10-1　実際の調査によく使用されるレファレンスブックにおける主題別割合

NDC（類）	0	1	2	3	4	5	6	7	8	9	合計
冊　数	33	4	62	58	4	6	7	5	8	14	201
割合（％）	16.4	2.0	30.8	28.9	2.0	3.0	3.5	2.5	4.0	7.0	100.0

　また，同研究のタイトル別利用状況の分析では表10-2のような結果がでている。百科事典など一般的に初期調査に用いられることの多い0類のレファレンスブックが上位10冊に占める比率が高くなっているが，全体的に見ると個別の主題調査にかかわってくる2類の歴史・地理・人物調査などに関連するレファレンスブック，3類の統計・経済・法律などに関連するレファレンスブックの利用が多いことがわかる。

表10-2　実際の調査でよく使用されるレファレンスブックの上位10冊

順位	タイトル	調査に用いた回数	NDC（類）
1	国史大辞典（国史大事典含む）	455	2
2	日本大百科全書	350	0
3	日本国語大辞典	321	8
4	国書総目録	294	0
5	J-BISC	267	0
6	官報	260	3
7	角川日本地名大辞典	207	2
8	古典籍総合目録	181	0
9	人物レファレンス事典	157	2
10	世界大百科事典	144	0

出典：間部豊・小田光宏「レファレンス質問への回答を可能にしたレファレンスブックの特性に関する研究」『日本図書館情報学会誌』vol. 57, No.3, 2011, p 91.より100位中上位10位を抜粋

第2節　レファレンスブックの解説

　レファレンスブックは多種多様なものがあり，それぞれ特徴があるため同一の基準で評価することはむずかしい。このため適切なレファレンスブックを選択するためには，まえがき，あとがき，編集後記，凡例・編集方針などに目を通し，①制作に関する事項（編著者，出版者など），②内容に関する事項（対象とする主題，項目の設定方法など），③製作に関する事項（印刷，製本など）

に着目して，それぞれ評価・比較することが望ましい。

以下に，それぞれの調査項目に関して，代表的なレファレンスブックをあげ，解説する。

a. 事物・事象に関する情報源

あらゆる主題のさまざまな事項について，包括的・網羅的に扱うことを意図して編纂されているレファレンスブックとして百科事典がある。百科事典の特徴は，収録範囲が広く，図版や表などを多用し，ビジュアル的にもわかりやすく解説されている反面，専門的・詳細な情報の提供には不向きであり，多巻となることも多いため完結までに時間がかかるということがあげられる。このため，百科事典を評価する際には，収録情報の範囲，収録時期のほかに索引・補遺（補巻）などの補助的ツールの有無を確認しておくとよい。

① 『日本大百科全書』（第 2 版　秋庭隆編）小学館，1994-1997 年

見出し語はかな見出しとなり，五十音順に配列されている。本文は読みやすさを重視し，4 段組で組まれており，とくに人間の生活・文化の形成に深いかかわりをもつ項目は大項目として目次を付し，大きな活字を使用した 3 段組でまとめられている。本文は現代日本語で解説がなされており，文末には解説文執筆者名が記されている。参考資料・文献が添えられている項目も多く，出典を把握することも可能となっている。また項目内容に応じて，用語・術語・作品解説・人物紹介など囲み記事欄を多数もうけており，カラー写真・図表などとあわせて，本文の理解が深められるような工夫がなされている。全 26 巻からなり，第 25 巻が索引，第 26 巻が補巻という構成になっている。

② 『世界大百科事典』（改訂新版）平凡社，2007 年

1988（昭和 63）年に出版された『世界大百科事典』の改訂新版。単なる専門知識の獲得より，知見を広め，総合的な知識・理解を深めていくことを目的としており，約 9 万の項目が太字のかな見出しとして，分野を問わず五十音順に配列されている。また，本文解説は日本を中心とした記述となっており，日本とかかわりの深い項目ほど詳細な説明がなされている。特記事項や専門用語の解説には，目次を付した大項目・コラム・用語解説が設けられており詳細な説明がなされている。全 31 巻と別冊からなり，第 31 巻が索引で，「日本地図」「世界地図」「アルマナック」「百科便覧」がそれぞれ別冊として刊行されている。

b. 言語に関する情報源

言語に関する情報源を評価する際には，どのような言葉を対象として編集されているのかということが重要となるため，収録語数と語彙の種類，配列法，類語・対語への参照などに注意する必要がある。また，編著者の経歴や実績，対象者（学生・一般・専門家の別）なども事典の性質（項目の選び方，本文説明の仕方など）に影響を与える要素となるため，確認しておくとよい。

① 『日本国語大辞典』（第 2 版）小学館，2000-2002 年

日本語を網羅的に記録することを目的とし，日本の文献において用いられている一般語彙に加え，方言，隠語，法律，経済，医学，化学など，各分野における専門用語や地名，人名，書名などの固有名詞からなる約50万項目を収録している。

見出し，本文の解説は現代かなづかいを用いており，見出しは親見出し（自立語・付属語など），子見出し（慣用句・ことわざなど）の二段階に分けて五十音順に配列されている。収録されている用語の説明は時代を追って記述してあり，書名，成立年・刊行年とともに約100万件の用例文を併記している。全13巻と別巻からなり，別巻には「漢字索引」「方言索引」「出典一覧」を収録し，検索性を高めている。

② 『字通』（白石静編）平凡社，1996年

常用漢字表，人名漢字別表，各種資料・辞典などにみられる漢字に関して，漢字の成り立ちと字義について用例を示しながら説明している。副見出しを含めた親字を約9500字収録しており，五十音順に配列している。また，見出し語の上部に、常用漢字には「常」，人名漢字には「人」と，下部には画数，四角號碼(7)の数字が表記されており，判断がしやすくなっている。巻頭に字音索引，字訓索引，巻末に部首索引，総画索引，四角号碼索引を備え，さらに付録として同訓異字，書名解説，作者解説，平仄一覧，常用・人名漢字一覧を収録している。同著者の『字統』『字訓』とあわせて三部作として制作されている。

③ 『大漢和辞典』（修訂第2版　諸橋轍次著）大修館書店，1989－1990年

中国の字典である『殿版康熙字典』を範に取り，字形，字義とともに語彙，解釈を参照できる漢字のための総合的な辞典として編纂されている。親字として，正字のほかに略字，俗字，国字など約5万語を収録しており，古今の中国歴代の辞書，さまざまな古典資料類を参照し，成語，故事熟語，格言，詩文の成句，および人名，地名，書名，官職名，年号，動植物名など多岐にわたる文字を約53万語，収録している。

文字の解説では，①正しい字形，②字音，③字義の順に示し，語彙の解説では平易な説明とともに出典・引用が示されている。

全13巻と別巻2巻からなり，第13巻は「総画索引」「字音索引」「字訓索引」「四角號碼索引」「附録（常用漢字表，中国簡化文字表）」など多数の索引で構成されている。別巻として，「語彙索引」（東洋学術研究所編），「補巻」（鎌田正，米山寅太郎編）の2冊がある。また、「縮刷版」（修訂版の本巻のみ），簡易版となる『広漢和辞典』（全4巻）が刊行されている。

④『日本語大シソーラス』(山口翼編) 大修館書店, 2003年

　類語検索大辞典とあるように, 語句を意味によって探すための辞典となり, 本文には語句のみで, 文例や語釈を収録していない。約20万語 (再録を含めると延べ32万語) を収録しており, 全体を「Ⅰ抽象関係」「Ⅱ位相・空間」「Ⅲ序と時間」「Ⅳ人間性」「Ⅴ人間行動」「Ⅵ社会的活動」,「Ⅶ自然と環境」の7つに大分し, さらに1044のカテゴリーに区分している。

　各語句は品詞にかかわらずに意味の近さを優先してまとめられており, 固有の語群番号が付けられている。巻末には3万1727語の索引を備えており, 索引語と語群番号を手がかりに語句を容易に検索することが可能。

　ある語句に対して, 異なる言い回しや言い換えの語句を探したい場合など, 語彙検索に特化した辞典として利用することができる。

c. 歴史に関する情報源

　歴史に関する情報源を評価する際には, とくに刊行年や版に注意する必要がある。正確な情報を得るためにも, 近年の歴史研究成果を多く収録しているような事典を使用するようにしたい。また収録項目には, 歴史上の人物, 事件など幅広い範囲にわたるものが多いので, 各項目間に参照などの指示があるか, 参考文献・資料への指示があるかについて確認するとよい。

①『國史大辞典』(國史大辞典編集委員会編) 吉川弘文館, 1979-1997年

　日本の歴史の全領域を網羅し, さらに考古学, 人類学, 民俗学, 国文学, 書誌学, 古文書学など隣接・関連する分野から事項・事件・人名などが収録されている。見出し語はかな見出しとなり, 主題項目と中見出しが五十音順に配列されている。本文記述には口語体を用いている。年次の表記には原則として和暦の年号を用い, 西暦を ( ) で付け加えて表記している。各項目の最後には執筆者名とともに参考文献が提示されている。全15巻17冊からなり, 15巻は上巻 (補遺, 資料・地名索引), 中巻 (人名索引), 下巻 (事項索引) の3分冊で構成されている。

②『世界歴史大事典』教育出版センター, 1985年

　世界各地の民族文化, 歴史に関して, 哲学・心理・教育・社会風俗など多様な項目を百科事典形式で収録している。見出しはかな見出しと本見出しからなり, 日本語読みの項目はひらがな書きに漢字, 外国語 (外来語) の項目はカタカナ書きに原語綴りとなっている。各項目は特大項目, 大項目, 中項目, 小項目の4種類に分けられ, 五十音順に配列されている。項目には執筆担当者の署名がなされているものも多い。小・中・高校生など学習者向きに編纂されており, 豊富な写真・挿絵, 「こぼれ話」などのコラムが取り入れられ, 読みやすいものとなっている。全22巻となり, 第20巻までが事典, 第21巻が総索引, 第22巻が類別索引という構成になっている。第22巻の類

別索引には，見出し項目索引，人名索引，地名索引，事項索引，ジャンル別索引，欧文索引，漢字字画索引，歴史文化資料索引など多数の索引が備えられている。

d. 地理・地名に関する情報

地理・地名に関する情報源を評価する際には，現在の状況に即した適切な情報が得られるかという点に注意する必要がある。近年，日本においても市町村合併が盛んにおこなわれているように，とくに行政にかかわる地名など変化するものも多い。このため編纂された時期と現在の状況を比較しながら利用するようにしたい。

① 『角川日本地名大辞典』角川書店，1978-1990年

民族遺産として地名の記録を残すことを目的とし，日本各地の地名に関連する諸情報がまとめられている。見出しはかな見出しの後に漢字見出し，現行自治体名を＜＞で囲んで併記し，五十音順に配列している。全47巻と別巻2巻からなり，「総説」「地名編」「地誌編」「資料編」の4部門に関して，都道府県別に1巻にまとめられている。「地名編」では古代から近世までの歴史的行政地名に加え，自然地名（山・河川・半島など），人文地名（道路・港・公園など）を収録している。「地誌編」では現在の各自治体・区に関して，状況（面積・人口・地名の由来など）・立地（地理的条件・自然環境など）・歴史に関して説明をしている。別巻Ⅰとして，日本の地名に関する総論「日本地名資料集成」を，別巻Ⅱとして総索引「日本地名総覧」を収録している。

② 『新版世界地名辞典　東洋編』（阿部敏夫編）東京堂出版，1980年

　『新版世界地名辞典　西洋編』（小林望・徳久球雄編）東京堂出版，1980年

東洋編では，日本を除くアジア全域の国々に関して居住地域名，自然地域名など約3000項目を収録している。各項目は小・中・高等学校の教科書に取り上げられている地名を中心に各種資料から採録している。見出しはカナ見出しに原語綴りとなっており、五十音順に配列されている。巻末にアルファベット順索引，漢字画引索引，漢字簡化表を備えている。

西洋編では，ヨーロッパ，南北アメリカ，アフリカ，オセアニア，旧ソヴィエト連邦，極地方の地名に関して，約4000項目を収録している。各項目は高等学校の教科書，地図で取り上げられている地名を中心に採録している。見出しはカナ見出しのカタカナ書きに原語綴りとなっており、五十音順に配列されている。巻末にアルファベット順索引，ロシア文字索引を備えている。両書とも，本文中には人口（万単位）と調査年が記されている。ただし、収録されている情報が1979年までの地理情報であることに加え，項目によっては説明の精粗にばらつきがあることに注意が必要となる。

e. 人物に関する情報源

　人物に関する情報源を評価する際には，項目構成に注意する必要がある。とくに屋号・爵号の継承など同名異人である場合も多いため，読みのほかに，生国や生没年など人物の識別が正確にできるような構成になっているか注意をする。また，顔写真，家系図・相関図など説明文以外の情報の有無も評価のポイントとなる。

① 『講談社日本人名大辞典』（上田正昭［ほか］監修）講談社，2001 年

　古代から現代まで，政治，宗教，思想，経済，文学，芸術などあらゆる分野において，日本史上に活躍した人物，著名な女性，日本史上に影響が見られる外国人，文学作品の架空人物など約 6 万 5000 人を収録している。見出しはかな見出しとなり，読みの五十音順に配列されている。各項目は読み，見出し語，生没年，説明文という構成になっており，白黒画にて，近世以前の人物に関しては肖像画，近代以降の人物に関しては顔写真が付されている。また大名，武将，豪族など約 300 家の系図表が本文中に示されている。巻頭に「日本人の姓と名」，巻末に「日本の姓氏 500」「人物記念館」と特集が収録されており，さらに巻末に資料集として，「天皇一覧」「皇室系図」「歴代内閣一覧」「文化勲章受章者一覧」「文化功労者一覧」，索引として難読姓・名索引，外国人名アルファベット索引，日本史年表など多彩な資料・索引が備えられている。CD-ROM が附属。

② 『岩波＝ケンブリッジ世界人名辞典』（デイヴィド・クリスタル，金子雄司［ほか］編）岩波書店，1997 年

　The Cambridge Bibliographical Encyclopedia（1994）を原書として翻訳しつつ，各項目を五十音順に配列しなおし，国名を補足したものとなっている。各項目はカナ見出しに原綴りが国名，生没年，説明文という構成になっており，姓（またはそれに相当する部分）の五十音順に配列されている。基本的には日常的に呼称される慣用読みを見出しとしているが、現地音がかけ離れている項目には「みよ項目」がたてられており，相互に参照できるようになっている。歴史上，重要な人物に関しては大項目として特別に罫で囲み詳細な説明を加えている。付録として「各国元首・政治指導者」「宗教指導者」「ノーベル賞受賞者」の一覧が収録されている。

③ 『人物レファレンス事典』（新訂増補）日外アソシエーツ，1993-2007 年

　日本国内の代表的な人物事典・歴史事典・百科事典などに収録されている日本人の総索引となっており，調べたい人物がどの人物事典・百科事典に載っているのかを調べるために使用される事典となる。「古代・中世・近世編」約 6 万 2000 人，「明治・大正・昭和（戦前編）」約 4 万 7000 人，「昭和（戦後）・平成編」約 6 万 5000 人，「古代・中世・近世編 II（1996-2006）」約 6 万 7000 人と時代ごとに分け，のべ 20 万 2000 人[8]の人物情報を収録している。

見出し語は漢字となり、人名の読みの五十音順に配列されている。各項目は、見出し語，読み，人物説明，掲載事典から構成されており，人物説明には，生没年（和暦・西暦の併記），別表記・別読み，プロフィール（活動時期，身分，職業など）が記されている。また，時代別のほかに「郷土人物編」(2008)，「文芸編」(2010) が刊行されている。

設 問

(1) 本章で紹介した図書館で代表的なレファレンスツールを図書館で実際に見て，内容を確認しなさい。
(2) 図書館には，じつにさまざまなレファレンスツールがある。そのほかのレファレンスブックを幅広く知るために，できるだけユニークな事典・ハンドブックなどを 10 件以上探してその特徴をまとめなさい。

参考文献
1. 大串夏身・田中均『インターネット時代のレファレンス』日外アソシエーツ，2010 年。
2. 長澤雅男・石黒裕子『情報源としてのレファレンスブック』日本図書館協会，2004 年。

注）
1) 一般的に図書・雑誌など一次資料の情報がまとめられた二次資料をレファレンスブックと呼ぶことが多いが，『日本の参考図書』『人物レファレンス事典』のように，レファレンスブックの情報をまとめて編集し，レファレンスブック自体を探すことができるようにつくられているものもある。
2) 長澤雅男・石黒祐子『情報源としてのレファレンスブック』日本図書館協会，2004 年, p.15。
3) 貸出可能な図書・雑誌などでは毎年図書館の実績評価の一環として，貸出数の統計が取られているため利用実績を把握しやすいが，レファレンスブックは多くの図書館で，禁帯出扱いとなっているため，利用の実態が見えづらい傾向にある。
4) 国立国会図書館が公開・提供しているサービスで，公共図書館、大学図書館、専門図書館などと連携し，共同で構築している調べ物のためのデータベース。http://crd.ndl.go.jp/jp/library/index.html（'13.6.23 現在参照可）。
5) 間部豊・小田光宏「レファレンス質問への回答を可能にしたレファレンスブックの特性に関する研究」『日本図書館情報学会誌』vol.57, No.3, 2011, pp.88-102。
6) 前掲 5) 論文の研究では，「レファレンス共同データベース」自体に収録主題の偏りがあるのではないか，という疑問点を払拭するための調査もおこなっており，その結果，主題分布に多少の偏りは見られるが，レファレンスブックの主題分布と一致しているわけではないため，直接の原因ではないと結論づけている。
7) 中国の言語学者・辞典編纂者，王雲五によって考案された検字法で，漢字を方形に区切り，四隅（1 左上，2 右上，3 左下，4 右下の順）の形態によって 0〜9 の番号（＝号碼）で表し 4 桁の数字で示される。部首や画数によらずに，漢字を構成するかたちで引くことができるため，漢字の成り立ちや構成要素に詳しくなくとも辞書を引くことができるように意図されている。
8) 「古代・中世・近世編」約 6 万 2000 人に「古代・中世・近世編 II」で約 2 万 7000 人が新規追加されているため，のべ約 20 万 2000 人となる。なお，姉妹編として「美術編」「郷土人物編」「架空・伝承編」のほか，『外国人物レファレンス事典　古代〜19 世紀』『(同前)　20 世紀』『日本人物レファレンス事典　思想・哲学・歴史篇』『西洋人物レファレンス事典　思想・哲学・歴史篇』がある。

11 各種情報源の組織化

　図書館で，各種の情報源やレファレンスツールを有効に活用するためには，ただ資料（情報資源）を漫然とおけばよいというのではなく，その組織化がなされなければならない。それらは利用者が情報を探索する際に直接助けになることもあれば，複数の図書館間で資料・情報を共有し，検索するために用いられることもある。さらに，自館の蔵書を構築・維持する際の基準や指針にもなりうる。本章では，それら情報資源の組織化の役割と効果について考えてみたい。

第1節　情報資源の「組織化」とは

　「組織化」（organization）とは，『広辞苑』第6版によれば「つながりのない個々のものを，一定の機能をもつようにまとめること」と定義される。すなわち，個々の図書（ひいては情報資源全般）を，利用者の情報ニーズに応えるように，なにがしかの手段でまとめることと言い換えることができる。具体的には，情報資源の「目録データ」を適切に記述する「書誌記述」や，その主題を分析して「分類記号」や「件名標目」を付与する「主題分析」によって，利用者が情報に効率よくたどり着ける仕組みを調える過程がそれにあたり，図書館業務においては「整理業務」「記述目録作業・主題目録作業」などと呼ばれることが多い。

　「目録」（catalog）とは，通常，文字や数値によってその情報資源の名称（たとえば書名），制作者（著者や編者または出版に関する情報），形態（大きさやページ数，収録時間など）を記録したもので，利用者はこの「目録」を検索することで必要とする情報を見つけることができる。

　「主題」（subject）とは，その情報資源が何をテーマとするか（何について書かれたものか）ということを表す。たとえば『NBA解体新書』（梅田香子，ダイヤモンド社，1997年）は，「バスケットボールについて書いた本」『アメリカ自動車工業の生成と発展』（井上昭一・関西大学経済・政治研究所，1991年）は，「アメリカの自動車産業の歴史について書いた本」というように分析する。このように，個々の情報資源のテーマを言葉で表現し，分析していくことを「主題分析」という。

　これらの主題は情報資源の管理のために開発された特別な「分類法」によって，たとえば「783.1」や「537.090253」といった分類記号に変換される（78＝スポーツ，783＝球技，783.1＝バスケットボールを表し，5＝技術・工学，53＝機械工学，537.09＝

写真11-1　情報資源組織化のためのツール　左から『日本目録規則1987年版改訂三版』『日本十進分類法新訂9版』『基本件名標目表第4版』（いずれも日本図書館協会刊行）。

自動車産業，＋02＝歴史・事情，＋53＝米国を表す）。図書館の蔵書は一般的にこれら分類記号の順によっておき場所が決まり，並べられるから，その分類記号のところにいけば同じ主題のものが集まっていることになる（書架分類）。

また，その主題をキーワードで検索しやすくするために「件名標目」(subject headings)[1]を付与する。これらは「バスケットボール」や「自動車産業―アメリカ合衆国―歴史」のように，決められた語（統制語）で表される。これによって，利用者は書名にない「バスケットボール」や「自動車産業」といった単語からもこれらの図書を探すことができるようになる。

現代の日本の図書館では主に『日本目録規則』(NCR)，『日本十進分類法』(NDC)，『基本件名標目表』(BSH) などの基本ツール（整理業務の基本規則を定めた「道具」，写真11-1）が用いられている[2]。

第2節　情報サービスにおける情報資源の組織化の意義と役割

a. 情報サービスにおける情報資源の組織化

図書館において，組織化されていない資料や情報はほとんど役に立たない。

第1に，所蔵資料の書誌記述が不完全だと，利用者はその対象となる資料を検索によって見つけ出すことができない。そればかりか，情報サービスにたずさわる職員すらも，経験と記憶に頼らないと利用者に適切な情報を提供することができないという事態が起こりうる。とくに最近の大規模図書館では，蔵書を利用者の目にふれない自動書庫や外部の保存書庫に収蔵することが増えており，まず「検索して見つけ出してもらう」機会が与えられなければ，その資料や情報の価値は大きく減じられてしまう。

第2に，タイトルや件名にキーワードと合致する語が含まれていない図書が，書架上で同じ分類記号をもつもの（同じテーマをもつもの）と並ぶことで初めて発見されることも多いので，資料の分類とそれによる配列・配架が適切になされていないと，検索の段階では容易に発見しえない同一主題の資料を見落とすことにつながる。たとえば「青少年犯罪に関する本」はさまざまあるが，書名が『子どもたちを救おう』（竹花豊，幻冬舎，2005年）や『だから，あなたも生きぬいて』（大平光代，講談社，2000年）のように，書名からは内容が類推しづらいものも含まれている。これらは整理業務の段階で適切に主題分析され，分類されていれば，ほかの青少年犯罪を主題とした図書と書架上で同列に並んでいるはずだ。

第3に，目録データに件名標目を付与することでキーワードからの検索を補助することができる。タイトルや単一の分類記号では表現しきれない主題（あるいは固有名）を件名として付与することで，これらを検索の手がかり（アクセスポイント）とすることができる。「宮沢賢治について書かれた本」を探すために，件名標目「宮沢賢治」を付与しておけば，『言葉の流星群』（池澤夏樹，角川書店，2003年）や『慈悲をめぐる心象スケッチ』（玄侑宗久，講談社，2006年）といった，書名や著者名からは賢治作品の解説書であることを類推するのが困難なこのような図書を発

見することもできる。

また,単に「検索」というだけでなく,レファレンスサービスを提供するためにもこれらの組織化された情報が役に立つことがある。以下,いくつかの場面をもとに情報資源の組織化の役割と効果についてみてみよう。

b. レファレンスコレクションの構築と維持

各種のレファレンス資料は通常,一般の図書と同じ書架ではなく専用のレファレンスコーナーに別置されているが,一般の図書と同じくその主題に応じて分類・配架されている。このメリットはいくつかあるが,まず,一般の図書と同じ配列順(分類記号順)を用いることで,利用者になじみやすいということがあるだろう。たとえばNDCを用いている図書館の場合,「心理学に関する図書」は一般書架の140からおかれているが,「心理学に関する事典類」もまた同様に,レファレンスコーナーの書架の140からおかれている(写真11-2)。

写真11-2 レファレンス資料　多くの図書館では,一般図書とレファレンス資料は別置されているが,主題別に(分類記号順に)並ぶというルールは変えていない。

また,その図書館で多く利用される一般図書の主題(テーマ)に対しては,同じ主題のレファレンス資料も求められる傾向が高い。たとえば,大学図書館のように特定の主題の利用が集中する図書館は,その主題の資料を選定・購入する際に『新刊情報』(トーハン)や『ウィークリー出版情報』(日販図書館サービス)のような各種の新刊案内,あるいは『出版年鑑』(出版ニュース社),『日本の参考図書・四季版』(日本図書館協会)などを用いることで,特定の主題からその分野の図書とレファレンス資料を一覧することができる(カバー写真)。これらのリストはいずれもNDCで分類され,その順に掲載されているから特定主題のものを探しやすい。もちろんそのほかの館種でも,選定のためのリストがNDCによる分類順になっていることは便利であるはずだ。

c. 図書館間相互協力

利用者の情報ニーズに対しては,図書館が所蔵する資料や情報ですべて対応できるようにコレクションを構築することが理想だが,それは現実には容易に達成しうるものではないし,ある意味では不可能ともいえる。100万冊規模の大学図書館であっても所蔵していない図書や雑誌は必ずあるし,それらに掲載されている情報を求めてくる利用者がまったく存在しないとはいいきれない。まして,日々多数の資料を受け入れている図書館は,その分だけ書架が狭隘化して(手狭になって)いく。書庫や倉庫に収める量にも限界があることから,やむをえず除籍・廃棄することもありうるし,複数の図書館で「分担収集」や「共同保存」するという事業もおこなわれている。

自館が所蔵しない情報資源を提供するために,図書館は従来より「図書館間相互貸借」(ILL, Inter Library Loan)を実践してきた。複数の図書館の間で資料・情報資源の貸借をおこなった

り，論文の複写を依頼したりする図書館協力の一環である。

　公共図書館の多くは NDL（国立国会図書館）や民間企業（図書の取次業者など）が作成した MARC（Machine Readable Catalog，機械可読目録）による目録データを導入[3]することで，現在ほぼ均一の目録データをもつようになった。OPAC を横断検索する仕組みを活用して，現在は都道府県単位で各市区町村立図書館の横断検索システムが整備されている。また，NDL が『ゆにかねっと 国立国会図書館総合目録ネットワーク』という公共図書館を対象としたシステムを形成している（現在，その検索画面は『国立国会図書館サーチ』に統合されている）。

　これらは，目録の記述が各館でバラバラに作成されるのではなく，統一した基準で作成されているからこそ可能になったことである。

d. 情報資源の種別を問わない組織化

　たとえば『源氏物語』を読んでみたいという利用者に対し，図書館が所蔵する「冊子体の図書」だけでなく，図書館が購読・閲覧契約した「電子書籍」（たとえば『ジャパンナレッジ』[4]に収録されているもの）も，あるいは信頼できるサイトで無料公開されている「全文テキスト」（たとえば「青空文庫」に収録されているもの）も，並行して提供していくべきである。まだ多くの図書館でそれらを一元的に提供することはできていないが，今後目録規則の改訂が進むにつれて，近い将来検索システムも変わっていくことになるだろう。そのために，目録規則や分類表，件名標目表など，各種の組織化の基準や方法論は常に見直され，変わりつづけていかなくてはならない。

　情報資源の種別が異なると，その目録記述の方法もおのずと異なる。たとえば，ネットワーク情報資源の記述のために制定された『ダブリンコア・メタデータ・エレメント・セット』（Dublin Core Metadata Element Set, DCMES）は，対象のメタデータ（そのデータに関係する各種のデータ）に対応してタイトルや作成者，主題など 15 種の基本要素（エレメント）を定めている。これは厳密な規則ではなくあくまで標準的な部分についての基準であり，各館のニーズにあわせて拡張できる。たとえば NDL では，2010 年に『国立国会図書館ダブリンコアメタデータ記述』（DC-NDL）を制定し，国立国会図書館サーチをはじめデジタル化資料の記述に適用している[5]。

e. 特殊コレクション・独自のコレクションの組織化

　公共図書館では，一般の資料に加えて地域資料（その地域の郷土資料や行政資料など）を収集し，保存し，提供しなければならない（このことは『図書館法』第 3 条で求められている）。また，大学図書館においては，教育・研究上必要な資料として独自の刊行物・研究成果や，場合によっては古典籍・古版本なども整理・公開することが求められる。一般の商業出版のルートでは入手困難な文献を「灰色文献」（gray literature）と呼ぶが，これらの保存・提供もまた図書館（とくに学術・専門図書館など）の重要な任務である。

　まず，これら特殊コレクションの収集については，それぞれの図書館でノウハウをまとめ，共有し，継承していくことが望ましい。とくに，行政資料や大学などの組織による独自の刊行物の場合，定期的に刊行されているにもかかわらず一部の期間のものしか図書館に所蔵されていないというのでは価値を大幅に減じる。これらは刊行と同時に図書館に納本される仕組みをつくるの

が確実な方法ではあるが，すべての対象に対してそのような仕組みを整えることはかなりむずかしい。行政資料であれば図書館はその発行部署や担当職員，新しく発行される刊行物の情報とその入手方法を承知しておくべきだ。これは，大学などの組織の刊行物についても同様である。

つぎに，それらもまた組織化しなくてはならない。市販の図書などであれば書誌ユーティリティ（複数の機関が共同で目録を作成する仕組み。NACSIS-CAT,「ゆにかねっと」など）に目録データが存在していることが多いが，これら灰色文献の大部分は自館で主題分析・記述目録作業をおこなわなければならない[6]。そのためには，図書館員に整理業務の知識・技術が不可欠となる。

また，大学刊行物や研究者の研究成果の公開については，従来の冊子体の刊行に加えて最近は各機関の研究成果を公開する「機関リポジトリ」が国際的に普及しはじめている。日本でも各大学や地域でリポジトリが立ち上がっているだけでなく，国立情報学研究所の『JAIRO 学術機関リポジトリポータル』によるハーベスティング（各リポジトリのデータを自動的に収集する仕組み）もおこなわれ，リポジトリを横断検索する仕組みも整っている。最近では，このリポジトリに登録する文献・研究成果を研究者らから収集し，メタデータを記述することも図書館員の仕事の1つとなってきているところが多い。

f. 応用と実践上の課題

情報資源の組織化の技術は，図書館の所蔵資料を検索するための目録の作成・管理や，同種のテーマの情報資源を一か所に配架するための分類だけでなく，さまざまな場面に応用できていることは，ここまでもいくつか例をあげて述べてきた。たとえば図書館が所蔵する資料でなくても，ある図書について調べようと思えば，先述した『出版年鑑』や『日本の参考図書』をはじめさまざまな書誌がある。また，ニーズに見合ったデータベース（第7・8章で述べたような各種のデータベースも含む）の存在を知りたければ，NDL は Web 上に存在するデータベースを組織化した『Dnavi 国立国会図書館データベース・ナビゲーション・サービス』を提供している。

日々新しいものが登場し，機能も進化していく各種のデータベースは確かに便利である。図書館で働く者も日々それらの情報をつかんで利用者に提供しているが，インターネットによる情報検索がここまで普及した現代では，検索してただ「なにか」を引き出すだけのことならば誰でもできる。しかし，図書館は単なる「書物の倉庫」ではなく，利用者が求める情報ニーズに「なにか」という漠然としたものではなく，適切な情報と知識を提供するための「情報サービス」を展開していかなくてはならない。そのためには，図書館そして司書に，基盤となる情報資源の組織化に関する知識と技術，そして経験が不可欠であるのはいうまでもない。

設問

(1) 「中学校におけるいじめや不登校の問題」について書かれた図書を，身近な図書館の OPAC で検索しなさい。
(2) 当該の主題を分類した書架を実際に見て，(1)で得られた結果との差を確認しなさい。(1)で見つからなかったもののなかに，目的にみあった本が含まれていないだろうか。

参考文献
1. 那須雅煕『情報資源組織論及び演習』学文社，2012 年
2. 愛知淑徳大学図書館編・鹿島みづき『レファレンスサービスのための主題・主題分析・統制語彙』勉誠出版，2009 年

注)
1) 「主題」と「件名」それぞれ同じ subject に対する訳語として用いられているが，本質的には同じ意味であり，後者はこの概念が日本にもち込まれた当時の訳語である。また，件名標目の「標目」(headings)とは目録がカードの形態をとっていたころのなごりであり，カードの「見出し」(heading)に由来する語である。もともと「著者標目」「タイトル標目」「分類標目」「件名標目」と，それぞれの検索を補助する目的に応じてつくられていたが，目録がコンピュータ化された現在では「件名標目」以外は役割を終えている。欧米を中心に従来の目録規則にとってかわりつつある『RDA』では「標目」という語が廃止され「アクセスポイント」(access point)という名称が用いられるようになった。日本でも近い将来，「件名標目」という語も「主題に対するアクセスポイント」という意味合いの別の語に置き換えられていくと思われる。
2) 本章では，情報サービスの観点から情報資源の組織化と提供に限定して概略を述べる。図書館におけるこれらの理論的背景，実務，ツールの使用法については，本シリーズ第 3 巻『情報資源組織論』を参照していただきたい。
3) 国立国会図書館が作成する MARC は JAPAN/MARC である（第 7 章参照）。業者が作成する MARC としては図書館流通センター（TRC）の TRC MARC，日販図書館サービスの NS-MARC，大阪屋の OPL MARC などがある。これらは図書館だけでなく，トーハンや日本出版販売（日販），大阪屋など取次会社も利用している。
4) ジャパンナレッジは，株式会社ネットアドバンスが提供している「知識探索サイト」である。百科事典や言語辞典，各分野の事典類といったレファレンスツールだけでなく，『週刊エコノミスト』などの雑誌記事や『東洋文庫』『新編 日本古典文学全集』などの電子書籍も収録している。http://www.japanknowledge.com/top/freedisplay ('13.6.26 現在参照可)。
5) 国立国会図書館ダブリンコアメタデータ記述（DC-NDL2011 年 12 月版）http://www.ndl.go.jp/jp/aboutus/standards/meta.html ('13.6.26 現在参照可)。
6) これら特殊コレクションはその取扱いの点から別置をすることが多いが，分類する際にも NDC には「090 貴重書. 郷土資料. その他の特別コレクション」という分類項目が設けられ，無理に主題に分けるよりもより効率的に配置できるようになっている。

12 発信型情報サービスの意義と方法

　本章では，電子情報技術を利用した新しい情報サービスの形態，とくにインターネットを通じた発信型情報サービスのあり方について述べる。ここでは，アウトリーチ，コミュニケーションの場所としての図書館への誘導，情報のユニバーサルデザインという3つの観点が重要となる。

第1節　発信型情報サービスの意義

　図書館は単に情報を仲介したり，利用者から求められた情報を受け身的に提供したりするだけの機関ではない。非来館者に対しても，ニーズを掘り起こし，生活の質を高めるために図書館を利用してもらえるよう，積極的に発信型情報サービスをおこなっていくことが求められる。その際，図12-1のようなかたちで，以下の3つの点に留意する必要がある。

図12-1　発信型情報サービスの3つの観点

（a．アウトリーチ型情報サービス（来館できない人，しにくい人に対して，情報発信する形態のサービス）／b．場所としての図書館への誘導となるような情報提供（コミュニケーションの場としての図書館を活用してもらうサービス）／c．情報のユニバーサルデザイン（障がい者・高齢者など，誰でも使いやすい情報サービス））

a．アウトリーチ

　第一に，アウトリーチの観点である。アウトリーチ（outreach）とは，簡単にいえば図書館の利用に不便がある人々に対して，図書館側が出前出張サービスをおこなうことである。来館せずとも図書館を利用できるよう，遠隔利用者の便宜を図ることがアウトリーチサービスである。従来は移動図書館（ブックモビル，BM，bookmobile）で図書を運ぶ巡回サービスなどをさしていたが，現代では，本の宅配（カバー写真）とともに，インターネットを通じて，遠隔地にいる人々，開館時間内には来館がむずかしい就業者，そして身体的な障がいのために図書館への来館がむずかしい人々などへ図書館側から積極的に働きかけることが求められる。

b．場所としての図書館への誘導

　第二に，「コミュニケーションの場所」としての図書館の機能を紹介し，来館に結びつく情報を積極的に発信することが重要である。これは，第一の観点とは相互補完的な意味合いをもつ。「図書館の本質は建物ではなく，人と資料・情報資源とを結びつける機能である」（本書第1章）と同時に，そこから新たな出会い，新たな情報（心のなかの有意義な意味作用），利用者同士のコミュニケーションが生まれてくる場でもある。「滞在型図書館」は，現代社会の知的オアシスでもある。その意味で，図書館が「場の演出機能」を発揮して「居心地のよい空間」を提供し，図書館へと利用者を導くための働きかけをおこなうこともまた，情報サービスの要点となる[1]。

c. 情報のユニバーサルデザイン

　第三に，障がい者，高齢者などの利用に配慮し，情報のユニバーサルデザインに留意することを忘れてはならない。そもそも，図書館は，そうした「情報弱者」になりやすい人々に対して，ほかの施設よりも細心の注意を払うべき機関である。したがって，情報のユニバーサルデザインを土台にしたうえで，上述した「アウトリーチ」「場所としての図書館への誘導」が，より意味をもつようになるのである。その意味で図書館員には，たとえば点字資料に書かれていることが理解できる程度の点字の基礎知識も必要とされる（巻末資料5）。

　今や超高齢社会（人口の5分の1以上が65歳以上の高齢者である社会）に突入した日本では，文字どおり，「ユニバーサル（誰にでも使える）」サービスが必要であり，それは簡単に利用できるようにシンプルで，しかも利用することが楽しく，見た目もおしゃれなものでなければ，一般の人々の間に広まらない[2]。「障がい者専用の情報機器は高すぎる」という点も，電子メディアの活用によって克服することができる。本章第2，3節で言及するWebや電子メールを通じた発信型情報サービスであれば，コストが比較的少なくて済む[3]。

第2節　Webサイトを通じた発信型情報サービス

a. Webサイトを通じた情報発信のコンテンツ

　Webサイトを通じた情報発信は，図書館が不特定多数の人々に働きかけるために適した手段である。図書館Webサイトについては，次のように掲載すべきいくつかの要素（コンテンツ，内容），そして，いくつかの留意点がある。掲載すべき要素は，大きく分けて以下の3つである。

表12-1　図書館Webサイトに掲載すべき要素

①　長期的コンテンツ：図書館の概要，利用法，アクセス，サービス案内を掲載する。
②　短期的コンテンツ：時宜に即した資料の紹介，新規サービスの紹介，イベントの紹介をおこなう。
③　ブログやTwitterとの連動：図書館側からの迅速な情報発信，利用者とのコミュニケーションツールとして利用できる。

b. Webアクセシビリティの確保

　ここでは，とくに「情報のユニバーサルデザイン」の観点を中心に指摘しておきたい。図書館が公共機関であるという特性から，Webサイトを通じた図書館の情報発信に関しては，「Webアクセシビリティ」（誰でもWeb上のコンテンツ・内容に，アクセス・到達できるようにしておく仕組み）を確保する配慮を欠かしてはならない。本書第1章でも述べたように，単においてあるだけで認識されていない情報は，本当の情報とはいえない。それは，単に電気信号の配列という物体（しかもアクセスできないところにあるもの）にすぎない。

　Webアクセシビリティを確保する指標として，JIS X 8341-3：2010（日本工業規格　高齢者・障害者等配慮設計指針　第3部：ウェブコンテンツ　2010年制定）がある[4]。JISで定めるとい

うことは,「公共機関は,これに準拠するよう努力することが求められる」ということである。JIS X 8341-3 は,「Web JIS」「Web コンテンツ JIS」などとも呼ばれる。国際的には,W3C (World Wide Web Consortium) という国際団体が勧告している WCAG 2.0 という基準があり,Web JIS もこれに準拠しながら,日本語 Web サイトの特性を考慮した内容となっている。

表12-2　日本国内と国際的な Web アクセシビリティ基準

	日本国内の Web アクセシビリティ基準	国際的な Web アクセシビリティ基準
名　称 (略称)	JIS X 8341-3：2010 (Web コンテンツ JIS, Web JIS)	Web Contents Accessibility Guideline 2.0 (WCAG 2.0)
団　体	JIS (日本工業規格)	W3C (World Wide Web Consortium)

たとえば,視覚障がい者の Web サイトの利用を考えた場合,全盲者は主に音声読み上げソフトを使って Web 上の情報をはじめとして,すべてのパソコンの動作に関する情報を入手している(一部,点字ディスプレイなどの機器を併用する利用者もいる)。Web 上の画像は,そのままでは音声ソフトが内容を再現することができない。この場合,Web デザインの段階で,画像とともにその画像を説明する文字列(「代替テキスト」という)を入れておけば[5],音声ソフトがその代替テキストを読み上げるので,画像の内容が簡潔に理解できる。このような音声ユーザーの利用があることも考慮して,ボタンや写真などの画像には代替テキストを入れることが必須である。Web サイト全体のデザインは,左上から右下に向かって,まず重要なお知らせなどの項目,ついで一般的な内容にリンクするメニュー,最後に広告などをおくようにすることが望ましい。

また、色覚障がい者に配慮した「カラーユニバーサルデザイン」(CUD, color universal design)も注意点である。たとえば,赤と緑が同じに見えてしまう人は比較的多い[6]のだが,「赤い文字のところは必須事項です」「赤い所をクリックしてください」などの表記は,色覚障がい者にとって,利用しにくい部分である。色だけではなく「形」「絵」で表現するなどの工夫が必要である。

c．Web ユーザビリティとデザイン性の向上

つぎに,「Web ユーザビリティ」という概念がある。これは「利便性」を表す言葉であり,その Web サイトがもつ多機能性,画面の安定性など,使い勝手のよさを意味している。基本的には,図書館 Web サイトにおいては先に述べた Web アクセシビリティが確保されていることが重要で,その次に,多機能性や,デザイン性の向上を考えていくべきである。だが,アクセシビリティにこだわりすぎるあまり,Web サイト自体がつまらないものになってしまってはいけない。第1節で述べたように,利用することが楽しく,見た目もおしゃれなものでなければ,多くの人々には喜んで受け入れられないからである。Web アクセシビリティに配慮しつつも,Web ユーザビリティ(利便性・多機能性・安定性)とファッション的なデザイン性(おしゃれ度,おもしろさ)を高めていくことが必要である。

d．Web OPAC の評価基準・フレッド (FRED)

Web ユーザビリティとデザイン性の向上という点をあげたが,とくに図書館が Web を通じて

提供する情報サービスとして欠かせないのは，オンライン蔵書検索機能（OPAC, Online Public Access Catalog）である。

Web OPAC のデザインに関する評価基準としては，フレッド（FRED）という指標が提唱されている[7]。FRED とは，表 12-3 に示す 4 つの指標の頭文字を取った言葉である。

表 12-3　Web OPAC のデザイン指標「フレッド」（FRED）

① 検索システムの機能の柔軟性（Flexibility）
② 検索システムから利用者への応答（Response）
③ OPAC の検索法についての説明（Explanation）
④ 検索システムの機能の多様性（Diversity）

これら 4 つの基準をすべて満たす Web OPAC を「フレッド型」，②の要素が欠けているものを「応答欠如型」，③の要素が欠けているものを「説明欠如型」と呼ぶ。

フレッドは主に，学校図書館や公共図書館の子ども向け Web OPAC に関する評価基準として提唱されたものであるが，一般利用者向けの Web OPAC においても同様の配慮は必要である。

第 3 節　電子メールを通じた発信型情報サービス

a. メールマガジン

横浜市立緑図書館では，「あなたの『？』を『！』に。暮らしのよろず相談どころ，緑図書館」を合言葉に，「横浜市緑図書館メールマガジン"よむめーる"」を定期的に発行している。内容は，たとえば 2013 年 4 月 22 日号では，図書館からの季節のメッセージ，休館・開館日程のお知らせ，季節やテーマに応じたパネル巡回展の案内（「春爛漫　横浜絵葉書にみる桜パネル」桜にちなんだ絵葉書を展示します。図書館でお花見はいかがですか），図書館でのおはなし会の開催案内，読み聞かせ・ブックトーク・図書修理などのボランティア活動に活用できる「ボランティア活動お役立ち情報」，緑区だけでなく横浜市全体の図書館で取り組んでいる「新しいこと，本といっしょに。～市立図書館春のイベント 2013 ～」の案内，図書館情報システムの変更点，蔵書検索ページのURL などが記載されている。刊行頻度は月 1 回なので利用者にもわずらわしくなく，図書館に足を運ぼうという気にさせてくれる発信型情報サービスである。

b. 新着図書通知サービス

カレントアウェアネスサービス（最新情報通知サービス，第 2 章参照）の 1 つに SDI サービス（Selective Dissemination of Information Services, 選択的情報提供サービス，または選定情報サービス）がある。これは事前に登録した条件にそって，個々の利用者に異なる最新情報を知らせるサービスである。

たとえば，東京都調布市立中央図書館では，「新着図書お知らせメール」というサービスを実施している。利用者が事前に登録した条件（NDC の綱目表の分類項目で選択）に該当する図書を図書館が新たに蔵書として受け入れたときに，一日 1 回メールで知らせるサービスである。自分

が事前に登録したテーマの図書が入ったときにしか知らされないので便利である（巻末資料6）。

第4節　パスファインダーを通じた発信型情報サービス

a. パスファインダーとは

パスファインダー（pathfinder）とは、利用者が特定の主題の調べ物にとりかかる際に役立つ手引きを、図書館があらかじめ準備して、一枚ものの印刷物（リーフレット）やWebサイトを通じて提供するものである。1970年ころにマサチューセッツ工科大学で開発され[8]、館種を超えて新しい利用者支援サービスとして広がった。

日本でも多くの図書館でパスファインダーが作成されており、国立国会図書館は『公共図書館パスファインダーリンク集』を提供している[9]。パスファインダーがWebで公開されていれば、図書館員がレファレンスツールとして利用したり、新たに別のパスファインダーを作成する際に参考にしたりできる。パスファインダーを共有するメリットは大きいので、より多くの図書館Webサイトでパスファインダーが公開されることが望まれる。巻末資料7に示した福井県立図書館のパスファインダーは、すぐれたパスファインダーの1つである[10]。

b. 電子版のパスファインダー

Webサイトを開設している図書館では、調べ方案内がサイトに掲載され、パスファインダーのような役割を果たしているものも多い。印刷媒体の資料と、Webからリンクがはられた電子資料の両方の情報資源が掲載されており、印刷資料と電子資料の両方の活用を促すようになっている。電子版のパスファインダーは、印刷版のパスファインダーのように、定型化された構成要素、わかりやすい説明、手ごろな短さといった点に注意すると、利用しやすい調べ方案内のページになる。電子版のパスファインダーがWeb上に公開されていれば、来館がむずかしい利用者が図書館Webサイトにアクセスして調べ方の案内を利用することができる。ただし、印刷版を配布する場合も同様であるが、パスファインダーだけでは十分に調べ方を案内できない場合も想定し、「ご不明の点はレファレンスデスクでおたずねください」といったメッセージを添えて、館内レファレンスデスクの利用案内や、Webを通じたデジタルレファレンスサービスへの案内にも導く必要がある。

c. 構成要素

パスファインダーは共通の構成要素を備え、定型化されているので、表12-4にあげる要素を含めて作成することが望ましい。ただし、パスファインダーは、基本的に手軽なリーフレット（紙一枚のみの案内）なので、冗長にならないように、重要度の低い要素は省略してかまわない。

表 12-4　パスファインダーの構成要素

① 主題：1つの主題を分割して作成する場合は，分割の番号や分割のタイトルを付ける
② 主題範囲：パスファインダーで取り扱う主題の範囲を明確にする
③ キーワードや分類：OPAC や二次資料の検索に役立つキーワードや分類番号を例示する
④ 入門書や解説書：主題の基礎知識が得られる入門書や解説書を紹介する
⑤ 便覧，百科事典，辞典：下調べに利用できるレファレンスブックがあれば紹介する
⑥ 図書：主題に関係が深い分類番号をあげ，各分類の代表的な図書を例示する
⑦ 雑誌：主題に関係が深い専門雑誌があれば紹介する
⑧ 二次資料：一般的あるいは専門的な書誌やデータベースを紹介する
⑨ 機関や団体：主題に関係が深い機関や団体を紹介する
⑩ リンク集：主題に関係が深い Web サイトを紹介する

d. 作成手順と管理

① パスファインダー全体の基本設計を決める

　図書館ではじめてパスファインダーの作成を開始する場合，パスファインダー全体に共通するタイトルや作成方針，レイアウトなど，全体の基本設計を決める。各パスファインダーには一連の番号をふり，作成年月日を記載する。レイアウトは各要素を見やすく配置し，色のついた紙を用いるなどして，利用者の目を引く魅力的なデザインにする。なお，図書館がはじめて提供するパスファインダーの数が少ないと，なかなか利用者のニーズに合わず，パスファインダーを開始する意義が薄れてしまうので，できれば 20 種類程度は準備したい。

② 作成するパスファインダーの主題を決める

　レファレンス質問が多い主題，地域に関係する主題など，利用者のニーズを考えて主題を選び，他館ですでに作成されていないかを調べる。同じ主題のものがあれば，その内容に自館の事情を追加してパスファインダーを作成すればよいので，作成にかかる負担を軽減できる。

③ 企画書をまとめる

　作成の目的，利用対象，概要，担当者，日程などを企画書にまとめ，関係者で情報を共有する。パスファインダーを作成する担当者に主題の専門知識があるとは限らないが，職員全員の知識を活用する。情報資源の選定については，その主題の専門家のアドバイスも得られると望ましい。

④ 掲載する情報資源を決める

　構成要素ごとに情報資源をあげて紹介し，利用者がみつけやすいよう，アクセスできるような手がかりを示す。紹介する情報資源が印刷資料の場合には，所在記号（請求記号）など配架場所に関する情報，電子資料や Web サイトには URL を記録する。自館に所蔵していない印刷資料や契約していない有料の電子資料も，掲載する情報資源の候補として検討する必要があるが，利用者が手軽に利用できる情報資源を優先して選択すると，結果的に，ほとんど自館の蔵書や館内で利用できる電子資料を掲載することが多い。

⑤ 執筆する

　わかりやすい文章で簡潔に記述する。

⑥　配布・公開する

　印刷版のパスファインダーは，利用者が手に取りやすい場所に置いて自由に手に取れるようにしたり，レファレンス質問を受けた際に関連するパスファインダーがあれば手渡ししたりする。自由配布のパスファインダーは，残り部数に気を配り，少なくなったら補充する。電子版のパスファインダーは，利用者が，図書館 Web サイトのトップページからパスファインダーを見つけやすいように表示や位置を工夫する。

⑦　メンテナンスする

　参考情報資源としてあげた Web サイトのリンク切れなど，記載内容が古くなったら速やかに改訂する。定期的に新作を追加し，役目を終えた主題のものは削除して，継続的にメンテナンスすることにより，パスファインダー全体を魅力あるものとして維持することが望ましい。

第5節　新しい情報メディアの紹介

　図書館には，問題解決のための「資料・情報資源の活用」という目的のほかに，さらに進んで，「新しい情報メディアの紹介」という社会的機能も期待される。広告などで目にするだけの情報メディアを，実際に手にして使ってみることで，その情報メディアがどのようなものかを知り，今後の活用法を考える手がかりにすることができる。近年では電子書籍が話題となっているが，これには一般的な電子書籍と，視覚障がい者の利用に適した音声 DAISY 図書，読字障がい者のために開発されたマルチメディア DAISY 図書などがある（カバー写真）[11]。

　一般的な電子書籍については，利用者が館内で利用できるだけでなく，文京区立図書館など，市民に電子書籍を貸し出している例がある。

　音声 DAISY 図書はデジタル音声図書（DTB, Digital Talking Book）の一種である。視覚障がい者の多くは音声から情報を得る[12]。普通の CD とちがい，音声 DAISY は専用のプレイヤーで再生し，目次から読みたい章や節，任意のページに飛ばして読むことができる。また，音声データを圧縮変換することで，CD よりも多くの音声情報を録音図書として収録することができる。

　マルチメディア DAISY 図書[13]は文字と音声と画像とが同期し，音声で読み上げている箇所の文章のまとまりをマーカーで示してくれる。これによって，字が読みづらく文章を読むのが苦手な障がい（読字障がい）をもつ人々（ディスレクシア）にとっても，読むことが比較的容易になる仕組みがつくられている。一種の電子書籍で CD-ROM で保存利用したり，インターネットで直接配信したりする。わが国で初めてマルチメディアデイジー室を設置したのは，山口県立山口図書館である。ここでは主に教職員向けの研修などがおこなわれているが，一般市民の利用も可能である。また，付き添いの人が同席できるように，一台の PC に 2 つの椅子が用意されている（カバー写真）。

　このように，新しい情報メディアについてまだ知らない人たち，利用したことがない人たちに紹介していくことも，図書館に期待される発信型情報サービスの1つといえるだろう。

設問

(1) 公共図書館のWebサイトを，Webアクセシビリティ，デザインのファッション性の観点から比較しなさい。また，公共図書館メールマガジンの内容を比較し，900字程度で述べなさい。

(2) インターネットで「成人ディスレクシアtoraの独り言」を検索し，ディスレクシアの人々にとってマルチメディアDAISY図書がどのように役立つか，考察したことを900字程度で述べなさい。

参考文献
1. アライド・ブレインズ『Webアクセシビリティ完全ガイド──2010年改正JIS規格対応』日経BP社，2010年
2. カラーユニバーサルデザイン機構『カラーユニバーサルデザイン』ハート出版，2009年
3. 井上智・井上賞子『読めなくても，書けなくても，勉強したい──ディスレクシアのオレなりの読み書き』ぶどう社，2012年

注）
1) 図書館による「場の演出機能」については，本シリーズ第1巻『図書館の基礎と展望』第2章第2節を参照。
2) たとえば，手話ロボット「オアフ君」（フリーソフト）などは，ユーモアのある3Dポリゴンでつくられた手話学習ソフトであり，一般の人々にも十分に楽しめるすぐれた発明である。
3) ユニバーサルデザインはかつての福祉の延長ではなく，一般の人々にも喜んで受け入れられるかたちで広まらなければ，そのサービスを提供するうえで，特殊な作業や物品が必要となり，結局，コストが上がってしまうことになる。その点，Webや電子メールを利用した情報サービスであればコストは少ない。ただし，図書館員の仕事は増えるので，その分の人件費はかかる。
4) Yahoo!Japanも（一部のページではあるが）2013年6月10日にJIS X 8341-3：2010に準拠していくことを公表した。http://docs.yahoo.co.jp/info/accessibility/（'13.6.23現在参照可）ちなみに「JIS X 8341」の「8341は，「やさしい」という言葉を数字にあてはめたものである。
5) (X)HTMLタグで表現すると，<img src="画像ファイル名" alt="代替テキストの内容">となる。
6) 日本人男性の場合，約22人に1人が赤系統から緑系統の色の弁別に困難を生じる色覚障がいをもつといわれている（参照文献2.参照）。
7) 金沢みどり『生涯学習社会における情報活用能力の育成と図書館』学文社，2012年，pp.88-96。
8) 鹿島みづき・山口純代「図書館パスファインダーに見る次世代図書館の可能性」『情報の科学と技術』Vol.52, No.10, 2002年，p.527。
9) 国立国会図書館『調べ方案内』http://rnavi.ndl.go.jp/research_guide/pubpath.php（'13.6.23現在参照可）。
10) 福井県立図書館『食育について調べてみよう』http://www.library.pref.fukui.jp/reference/ pathfinder/pathfinder8.pdf（'13.6.23現在参照可）。
11) DAISYとは，Digital Accessible Information SYstem の略で，「アクセス可能な情報システム」の意味。
12) 視覚障がい者のなかで，点字識字者（点字が読み書きできる人）は1割にすぎない。これは後天的に視覚障がい者になる人が多く，指先の感覚が鋭い若いうちに点字を習得できないからである。
13) マルチメディアDAISY図書は，主に公益財団法人・日本障害者リハビリテーション協会（リハ協）が作成しているものと，各地のボランティア団体や個人が作成しているものとがある。前者はリハ協のサイトから購入できる。作成方法には大きく2種類あり，肉声で読み上げ，テキストと同期させたものをつくる場合は，テキストファイルからXHTML ConverterでXHTML文書を作成し，Sigtuna DAR 3というソフトで加工する。機械音声を利用する場合は，DAISY Translator日本語版（Word 2013対応版）で比較的簡単に作成できる。いずれにしても素人がおこなうのは困難であるため，本格的にマルチメディアDAISY図書の作成に取り組むには，リハ協が年に数回主催している「マルチメディアデイジー製作研修」の講座を履修することが望ましい。なお，明星大学では，「図書館情報サービス特論及び演習」という司書課程科目でマルチメディアDAISY図書の製作演習をおこなっている。

13 情報サービスにかかわる知的財産権の基礎知識

本章では，知的財産権（intellectual property rights）の骨格を示しつつ，図書館での情報サービスに必要な基本的な知識について述べる。

第1節　知的財産権とは

知的財産権とは，人間の幅広い知的創造活動の成果について，その創作者に一定期間の権利保護を与えるようにしたものである。内容は，特許権や著作権（copyright）などの創作意欲の促進を目的とした「知的創造物についての権利」と，商標権や商号などの使用者の信用維持を目的とした「営業標識についての権利」に大別される。いずれも，「無形の財産的価値を有するもの」に認められる財産権（無体財産権）で，知的財産基本法（平成14年12月4日法律第122号）で規定されている。1970年代以降2000年代初めまでは「知的所有権」という語が用いられていたが，2003（平成15）年に現在の「知的財産権」に統一された（図13-1は知的財産権の種類を示したものである）。

知的財産権の種類

創作意欲の促進

知的創造物についての権利

- 特許権（特許法）・・・発明を保護
- 実用新案権（実用新案法）・・・物品の形状や構造などに関する考案を保護
- 意匠権（意匠法）・・・物品のデザインを保護
- 著作権（著作法）・・・文芸，学術，美術，音楽などの表現を保護
- 回路配置利用権（半導体集積回路の回路配置に関する法律）・・・半導体集積回路の回路配置の利用を保護
- 育成者権（種苗法）・・・植物の新品種を保護
- （技術上，営業上の情報）営業秘密（不正競争防止法）・・・事業のノウハウや顧客情報を保護し不正競争行為を規制

信用の維持

営業標識についての権利

- 商標権（商標法）・・・商品やサービスに使用するマークを保護
- 商号（会社法，商法）・・・商号を保護
- 商品等表示・商品形態（不正競争防止法）・・・著名商品等表示行為，形態模倣行為，誤認表示行為などを禁止

図13-1　知的財産権の種類

出典：特許庁「知的財産権について」http://www.jpo.go.jp/seido/s_gaiyou/chizai02.htm，（'13.6.24現在参照可）
注：■は産業財産権

13 情報サービスにかかわる知的財産権の基礎知識　*87*

　知的財産権のうち，特許権，実用新案権，意匠権および商標権の4つを産業財産権（かつては工業所有権と呼ばれていた）という。これらは，新しい技術やデザイン，ネーミングなどについて独占権を与え，模倣防止のために保護し，研究開発へのインセンティブを付与したり，取引上の信用を維持したりすることによって，産業の発展をはかることを目的にしている[1]。このほか，最近では，技術の進歩によってバイオテクノロジーや医療技術に関する権利，肖像権などが新しい権利として認められている。

　以下では，図書館の情報サービスに関係の深い意匠権と肖像権，および著作権について解説する。著作権では，今後の発信型サービスにとって重要になると思われる公衆送信権を中心に解説する（なお，著作権の基礎的な理解については，本シリーズ第6巻第13章も参照されたい）。

第2節　意匠権

　意匠権を規律するのは意匠法（昭和34年4月13日法律第125号）である。意匠とは，物品あるいは物品の部分における形状・模様・色彩に関するデザインをいい，このデザインに関する権利を意匠権という（同第2条）。意匠登録のできるデザインは，①工業上量産できるもの，②新規性を有するもの，③容易に創作することができないもの，④先に出願された意匠の一部と同一または類似でないものに限られる（同第3条）。具体的には，工業デザイン（自動車，カメラ），ファッションデザイン（帽子，バッグ），テキスタイルデザイン（模様柄や色柄プリント織物），宝石デザイン（指輪，イヤリング）などが該当する（写真13-1は意匠登録の例）。一般に「意匠」というと，固定された形状のデザインを思い浮かべるが，「動的意匠」といって，形状が時間とともに変化するようなものも含まれる。たとえば，フタをあけると何かが飛び出すビックリ箱や，折りたたみテーブルなどがそれに当たる。存続期間は，その意匠の意匠権の設定の登録の日から20年間である（同第21条）。

　これに対して，公序良俗を害するおそれのあるもの，他人の業務にかかわる物品と混同を生ずるおそれのあるもの，および物品の機能を確保するために不可欠な形状のみからなるものは意匠登録を受けることができない（同第5条）。自然物などを意匠の主体に使用したもので量産でき

意匠登録 1160659　ブックエンド　　　　意匠登録 1117090　記録媒体スタンド

写真 13-1　意匠の登録例

出典：特許庁「意匠登録」　　所載：特許電子図書館（IPDL）
http://www.ipdl.inpit.go.jp/Isyou/ibansaku.ipdl?N0000=111（'13.6.24 現在参照可）

ないもの（自然石をそのまま置物としたもの，打ち上げ花火のせん光など），ビルなどの不動産，絵や彫刻など純粋美術分野に属する著作物は，工業上利用できないので登録の対象にならない[2]。

最近では，多くの図書館がホームページを立ち上げ情報発信しているが，なかには独創的なデザインのものも見られる。しかし，基本的にホームページのデザインは画面上のデザインで，物品ではないため，意匠権の保護対象とはならない。意匠として登録可能な画面デザインは，「物品の操作（当該物品がその機能を発揮できる状態にするために行われるものに限る。）の用に供される画像であって，当該物品又はこれと一体として用いられる物品に表示されるものが含まれるもの」に限られる（同第2条第2項）。たとえば，液晶時計の時刻表示部や携帯電話の初期画面などである。

第3節　肖像権

現在，肖像権を規定した法律は存在しないが，多くの判例により保証された知的財産権として扱われている。肖像権は，みだりに自分の姿を公開等されない権利であり，無断で写真やビデオカメラに撮られたり，それを無断で公表されたり利用されたりすることを禁じることのできる権利である。

肖像権には，被写体としての権利である人格権と，著名性を有する肖像が生む財産的価値を保護する財産権の2つがある。人格権は，一般人，著名人にかかわらず，すべての人に認められるもので，無断で自分の写真などの肖像を公開されない権利である。財産権は，著名人や芸能人の肖像が生む財産的価値を保護するための権利である。たとえば，著名人には集客力や顧客吸引力があるため，商品に著名人の肖像や名前を付けて宣伝すると経済上の利益をもたらす。現在では顧客吸引力をもつ著名人の肖像や名前を権利として保護する考え方が定着しており，この経済的価値を保護する権利をパブリシティ権と呼ぶ。

現代はケータイやデジカメで，簡単に誰の写真でも撮ることができ，それを自分のホームページにアップロードしたり，発信したりすることが容易になった。しかし，ホームページに掲載した写真がある特定人物と判別できる場合は，被写体から肖像権利用の許諾を得ないと，肖像権侵害のおそれが生じる。

図書館のホームページでも同様である。閲覧中の利用者や講習会の参加者の顔や容姿を掲載する場合は，本人の承諾を得る必要がある。写真を撮られることには異存はなくとも，ホームページ上で公開されることには同意しない場合もあるためである。

小中学校では，ホームページを作成・公開するに当たって，①児童生徒の氏名の公開などは一切おこなわない，②教育活動を撮影した写真は画像処理を施し，第三者から児童生徒が特定できないように十分に配慮する，③必要があれば，写真を本人および保護者に示し了解を得たうえで掲載するなどガイドラインを設けているところが多い[3]。

第4節　著作権

a. 著作権の構成

　著作権とは，著作物を創作した者，すなわち著作者が有する権利のことである。著作物とは思想または感情を創作的に表現したもので，文芸，学術，美術，または音楽の範囲に属するものをいう。必ずしも文字で書かれたものとは限らず，バレエの踊り方，建築物，地球儀，写真，コンピュータプログラムなども，著作物にあたる。また，巧拙は関係なく，プロの作品でも素人の作品でも，条件を満たせばすべて著作物となる。

　著作権法（昭和45年5月6日法律第48号）では，著作者（作り手）の権利として，著作者人格権と著作権（財産権）とを定めている（同第17条）。著作者人格権は，著作者だけがもっている人格的な利益を保護する権利で，他人に譲渡することはできない。一方，財産的な利益を保護する著作権は，その一部，または全部を他人に譲渡することができる。著作権には，複製権，上演権・演奏権，上映権，公衆送信権，口述権，展示権，頒布権，譲渡権など11種類がある。

　次項では，とくに情報サービスに付随する著作権として，公衆送信権（同第23条）について解説する。

b. 公衆送信権

　公衆送信権とは，無線通信または有線電気通信によって，公衆に対して著作物を送信できる権利である（プログラムの著作物の送信を除く）。公衆送信は，公衆に対して同一内容の送信を同時におこなう場合と，公衆からの求めに応じて自動的におこなうものの2種がある。前者のうち，無線通信によるものを放送，有線電気通信によるものを有線放送といい，後者を自動公衆送信という。テレビは放送，ケーブルテレビは有線放送，インターネット上の自分のホームページを閲覧させることは自動公衆送信である。自動公衆送信には，著作物の自動的な送信を可能とするような行為（送信可能化），つまり，インターネット上のサーバーに著作物をおき，利用者が閲覧・ダウンロードできる状態にしておくことも含まれる。

　現在，公共図書館の利用者から文献のコピーをファクシミリで送信することを希望する声が聞かれる。図書館資料の一部をコピーすることは，著作権法第31条の複製の適用を受けるが，それをファクシミリ送信する場合は，電話回線などを使用するため，加えて公衆送信が関係する（同第23条）。ファクシミリ送信は，個々には電話と同じように，不特定多数の公衆に対して送信するものではないが，求めがあれば誰にでも送信する組織的なサービスであるため，全体としてみると公衆送信に該当する。したがって，ファクシミリ送信にあたっては，著作者の公衆送信権について，権利者の許諾を得る必要がある[4]。今後，図書館団体と公益社団法人日本複製権センター（JRRC，旧社団法人日本複写権センター）などの管理団体との話し合いにより，なんらかのかたちで処理できるようになることを期待したい。

　一方，大学図書館では，2004（平成16）年以降，大学図書館間のILLについて，インターネットとファクシミリによる送信が可能となった。本来であれば上記のように公衆送信権に抵触する

ものであるが，個別の著作権許諾運用を厳密におこなうことは，迅速な情報流通の妨げになる。そこで，国公私立大学図書館協力委員会と著作権管理団体である日本著作出版権管理システムおよび学術著作権協会との間で「大学図書館間協力における資料複製に関するガイドライン」が結ばれ，その範囲内であれば個々の許諾手続きなしに送信がおこなえるようになった[5]。

第5節　パブリックドメイン（public domain）

本節では，著作権に関連してパブリックドメインを取り上げる。パブリックドメインとは，公有財産の意で，著作権が消滅した状態，または，著作物について著作者が自ら著作権の一部または全部を放棄する意思表示をした状態をいう。誰でも無料で自由に著作物を使うことができる。

以下，後者の代表的な仕組みを紹介する。

a. クリエイティブコモンズ（Creative Commons）

クリエイティブコモンズとは，クリエイティブコモンズライセンス（CC ライセンス）を提供している国際的非営利組織とそのプロジェクトの総称である。インターネット時代のための新しい著作権ルールの普及をめざすもので，著作者が，この条件を守れば自分の著作物を自由に使ってよいと意思表示をするためのツールである。作品の利用（再配布やリミックス作品の公開，実演など）のための条件に表 13-1 の 4 種類があり，これらを組み合わせた 6 通りのライセンスの表現ができる[6]。

表 13-1　CC ライセンスの種類

マーク	名称	説明
（人）	表示	作品のクレジットを表示すること
（$）	非営利	営利目的での利用をしないこと
（=）	改変禁止	元の作品を改変しないこと
（○）	継承	元の作品と同じ組み合わせのCC ライセンスで公開すること

出典：クリエイティブ・コモンズ・ジャパン「クリエイティブ・コモンズ・ライセンスとは」http://creativecommons.jp/licenses/('13.6.24 現在参照可)

b. 自由利用マーク，EYE マーク

自由利用マークとは，著作者が，自分の著作物を他人に自由に使ってもらってよいと考える場合に，その意思を表示するためのマークで 3 種類ある（表 13-2 の上 3 つ）。EYE マークは，著作者が視覚障害者のために，録音図書や拡大写本を作成してよいことを表示するマークである（同最下段）。いずれも文化庁が推進している。

表 13-2　自由利用マークと EYE マーク

マーク	説明
コピーOK	「プリントアウト・コピー・無料配布」OK マーク：そのまま「プリントアウト」「コピー」「無料配布」をする場合に限られ，変更，改変，加工，切除，部分利用，要約，翻訳，変形，脚色，翻案などは含まれない。
障害者OK	「障害者のための非営利目的利用」OK マーク：障害者が使うことを目的とする場合に限り，コピー，送信，配布など，あらゆる非営利目的利用を認めるマーク。変更，改変，加工，切除，部分利用，要約，翻訳，変形，脚色，翻案なども含まれる。
学校教育OK	「学校教育のための非営利目的利用」OK マーク：学校のさまざまな活動で使うことを目的とする場合に限り，コピー，送信，配布など，あらゆる非営利目的利用を認めるマーク。変更，改変，加工，切除，部分利用，要約，翻訳，変形，脚色，翻案なども含まれる。
EYE LOVE EYE	EYE マーク：目の不自由な人やその他の理由で活字のままでは本をはじめとする印刷媒体を読めない障害者のために，本等が出版された段階で録音図書や拡大写本を作成してもよいことを著作者が予め宣言するもの。

出典：文化庁著作権課「『自由利用マーク』とは？」および「お問い合わせ先／EYE マークのご紹介」より作成。http://warp.ndl.go.jp/info:ndljp/pid/286898/www.bunka.go.jp/jiyuriyo/index.html（'13.6.24 現在参照可）

設問

(1) 本章であげた意匠登録の例を，身近な商品から探してみなさい。
(2) 著名人の写真を図書館のホームページに掲載するとき，誰の許諾が必要になるか考え 900 字程度にまとめなさい。

参考文献

1. 寒河江孝允『知的財産権の知識』第 2 版，日本経済新聞出版社，2007 年
2. 早稲田祐美子・原田文夫『著作権講座Ⅱ　こんなときあなたは？著作権Q＆A（市町村のしごとと著作権）』著作権情報センター，2010 年，60 p.

注）
1) 特許庁「産業財産権について」http://www.jpo.go.jp/seido/s_gaiyou/chizai01.htm（'13.6.24 現在参照可）。
2) 特許庁「意匠権に関して」http://www.jpo.go.jp/cgi/link.cgi?url=/seido/s_ishou/chizai05.htm（'13.6.24 現在参照可）。
3) 足利市立北郷小学校「足利市立北郷小学校インターネット活用ガイドライン」http://kitagou.ashi-s.ed.jp/pc/line.htm（'13.6.24 現在参照可）や，東京都八丈町教育委員会「八丈町立小・中学校インターネット利用に関するガイドライン」http://www.hachijomachi-tky.ed.jp/ohchu/guideline02.htm（'13.6.24 現在参照可）など多数ある。
4) 公益社団法人著作権情報センター（CRIC）「はじめての著作権講座Ⅱ」http://www.cric.or.jp/qa/sigoto/sigoto2_qa.html#q2（'13.6.24 現在参照可）。
5) 国公私立大学図書館協力委員会「大学図書館間協力における資料複製に関するガイドライン」平成 17 年 3 月 5 日，http://www.janul.jp/j/documents/coop/ill_fax_guideline_050305.pdf（'13.6.24 現在参照可）。
6) 詳しくは次を参照。クリエイティブ・コモンズ・ジャパン「クリエイティブ・コモンズ・ライセンスとは」http://creativecommons.jp/licenses/（'13.6.24 現在参照可）。

14 図書館利用教育と情報リテラシーの育成

この章では情報リテラシー教育の必要性とサービスの事例を中心に学ぶ。公共図書館のサービスの変遷，図書館利用教育（「図書館利用教育」は「利用教育」「利用者教育」などともいう。ここでは「図書館利用教育」を用いる）が「図書館の使い方」から情報リテラシー教育へと拡大されていく過程を理解し，情報リテラシーを育成するための実践的なサービスを考えてみよう。

第1節　「図書館の使い方」から情報リテラシーの育成へ

a. 公共図書館のサービスの変遷

公共図書館のサービスは，人々の読書活動を支援するための貸出を中心に進められてきたが，生涯学習社会，情報社会の進展とともに課題解決を支援するサービス[1]が求められるようになってきた。暮らしに役立つ情報を提供するサービスとして，法（務）情報，健康情報，ビジネス支援などさまざまなサービスが模索されているが，図書館を使いこなすだけではなく，人々が自らの力で必要な情報を獲得できるよう支援するサービスの基盤となるのが情報リテラシー教育である。公共図書館は図書館が所蔵する情報源を提供するだけではなく，生涯学習の場として情報リテラシーの育成を図ることが重要な役割となっているといってよい（図14-1）。

図14-1　公共図書館のサービスの変遷

b.「図書館の使い方」から「図書館を使う力」へ

人々が図書館を暮らしに役立つ生涯学習施設として認識し使いこなすには，図書館を利用・活用する方法を理解し習得すること，図書館利用教育が必要である[2]。

貸出は図書館サービスの基本としてすでに定着しているが，本や雑誌を見たり借りたりすることが主な利用であれば，「図書館の使い方」はあまり複雑である必要はなかった。しかし，社会の情報化と情報源の多様化に対応するためには図書館の利用もより複雑・高度なものとならざるを得ない。利用者が効率的・効果的に図書館を使いこなすには，本・新聞・雑誌やデータベースなどさまざまな図書館情報資源を場面に応じて使い分けること，OPACの使い方，ホームページにアップされているコンテンツやサービスの活用法などさまざまなことを学ぶ必要がある。

図書館利用教育は，まずは，「図書館の使い方」を知るためのものから，図書館を使いこなす方法を理解し習得するための「図書館を使う力」を学ぶものへと拡大される。

さらに，情報環境の変化により，図書館が提供する情報源は図書館のなかにあるものだけでは

なく，オンラインデータベースやインターネットなど図書館の外にあるものともつながり増大し多様化している。レファレンスサービスでも，調べ方案内・パスファインダーの作成でも，これらの外部の情報源も含めることが普通におこなわれるようになった。図書館に来館しなくてもWebなどで参照できる情報源も無数に増えた。このような状況において，図書館がもつ教育機能を存分に発揮すること，すなわち，利用者自らが情報を効率的・効果的に獲得し活用できるよう図書館が支援することは，図書館サービスの1つとして必然なのである。

情報社会は人々にとって情報の獲得を容易にする有利な面もあるが，情報の氾濫が本当に必要とする情報を見つけにくくしている面もある。また，コンピュータや検索のスキルなどの格差が個人の情報格差（デジタルデバイド，digital divide）を生じている。変動の激しい社会において，情報を活用する力のスキルアップは生涯にわたって不可欠でありそのニーズは高まっている。

図書館利用教育は「図書館を使う力」から，図書館の外にある情報活用も視野にいれてさらに拡大され，自ら情報を獲得し活用できる力を育むための情報リテラシー教育として展開していくのである（図14-2）。これからの公共図書館においては情報サービスの1つとして位置づけていく必要がある。

図14-2　図書館の使い方から情報リテラシーへ

c. 公共図書館における情報リテラシー育成の必要

情報リテラシーとは何かを公共図書館との関連を中心に述べる。

リテラシー（literacy）とは，文字の読み書きの能力をいうものであったが，社会的・歴史的な時代背景のなかで多様な使われ方がなされるようになった。情報リテラシー（information literacy）もその1つである。ある分野に関する知識や能力を意味することが多いが，図書館に関連の深いものとしてはコンピュータリテラシー，メディアリテラシーなどがある（『最新図書館用語大辞典』柏書房，2004年）。

情報リテラシーとは，「さまざまな種類の情報源の中から必要な情報にアクセスし，アクセスした情報を正しく評価し，活用する能力」（『図書館情報学用語辞典』丸善，2007年）である。「情報活用能力」ということもある。図書館利用教育を広義の意味でとらえる場合には，「情報リテラシー」も含むものとされている。

米国では，1989年に米国図書館協会（American Library Association, ALA）情報リテラシー諮問委員会（Presidential Committee on Information Literacy）による最終報告[3]が発表され，その情報リテラシーの定義「情報リテラシーとは，情報が必要であるという状況を認識し，情報を効果的に探索し，評価，活用する能力」[4]は広く知られている。図書館に限定されたものではなく，人が生涯にわたって情報リテラシーを習得することの重要性について述べられており，その後の情報リテラシー展開の契機となった。

日本では，1993（平成5）年，日本図書館協会図書館利用教育委員会[5]が発足し，1998（平成10）

年以降,「図書館利用教育ガイドライン」を館種別に公表し(巻末資料8),セミナーの開催など情報リテラシー教育の普及・啓発を図っている。

　文部科学省の施策との関連では,1998年に「図書館の新しい役割」として「地域住民の情報活用能力の育成支援」が提言され[6],2001(平成13)年の「公立図書館の設置及び運営上の望ましい基準」では,「住民の情報活用能力の向上を支援するため,講座等学習機会の提供に努めるものとする」[7]と明確に位置づけられた。さらに同「基準」施行後の社会や制度の変化,新たな課題などに対応して作成された2006(平成18)年の『これからの図書館像:地域を支える情報拠点をめざして(報告)』には情報格差是正などのために情報リテラシー教育をおこなうことが必要となっていることが明言されている[8]。

第2節　公共図書館における情報リテラシーの育成

a. 公共図書館における情報リテラシー教育の現状

　学校や大学などにおいても情報リテラシー教育は取り組まれているが,公共図書館においても社会的な要請と利用者ニーズがあることは明らかである。

　一方で,大学のように限定した集団に対して体系的に図書館オリエンテーションなどが実施できる教育機関とは異なり,公共図書館の場合は対象が不特定多数で年齢構成も幅広いことから実施は困難であり,文献や研究が少ないという指摘もある[9]。

　しかし,2011(平成23)年度に実施された調査では,公共図書館においても情報リテラシーを育成する取り組みが形成されていることが報告されている[10]。課題解決支援のために,すでにサービスとして確立している法情報サービス,健康情報サービス,ビジネス支援サービスなど以外にも,暮らしの満足度を高めるような身近に役立つ,必要な情報の獲得・活用を支援するための事例がある。

　『図書館利用教育ガイドライン―総合版―』では,目標として「領域1　印象づけ」「領域2　サービス案内」「領域3　情報探索法指導」「領域4　情報整理法指導」「領域5　情報表現法指導」の5領域があげられている(表14-1)。

表14-1　情報リテラシーの育成―5つの領域と目標の概要―

領域	1　印象づけ	2　サービス案内	3　情報探索法指導	4　情報整理法指導	5　情報表現法指導
目標	図書館があることを認識し,必要な時に利用できることを知る。	図書館のサービスや専門的職員による支援など,利用する方法を学ぶ。	情報の特性と各種情報源の探し方・使い方を知り,情報探索の方法を学ぶ。	メディアの特性に応じた情報の抽出・加工・整理・保存の方法を学ぶ。	各種メディアの特性と活用法を理解し,情報倫理や情報発信の方法を学ぶ。

出典:日本図書館協会図書館利用教育委員会編『図書館利用教育ガイドライン合併版　図書館における情報リテラシー教育支援サービスのために』[11]日本図書館協会,2001年,pp.11-17

　実際にサービス展開を図るときには必ずしもこの領域どおりに区分して実施されるわけではなく,たとえば図書館の存在の「印象づけ」と図書館が利用できるようにするための「サービス案

内」は掲示や配布物，ホームページなどによる広報のかたちで不可分に実施される場合もある。また，「領域4　情報整理法指導」「領域5　情報表現法指導」のように，公共図書館では具体的なサービスの方法を見いだすことが課題となるものもある。しかし，情報リテラシー教育は公共図書館だけが担うものではなく，ほかの館種や教育機関も視野に入れて社会全体のなかで連携・協同して取り組まれるべきものである。公共図書館としてできることから取り組み，拡大・充実を進めていくことが大切である。

　図書館利用教育を幅広くとらえ，人々が課題解決支援のために自ら必要な情報を探索し，効果的・効率的に獲得できるよう支援することが，公共図書館における情報リテラシー教育の育成・サービスの基軸である。図書館が提供する情報源や調べ方案内・パスファインダーなどのコンテンツは，情報の信頼性が高い。信頼性の高いコンテンツの充実は情報獲得の支援となり，情報リテラシー向上につながる。

b. サービスの事例

　規模の大きい都道府県立図書館と政令指定都市の図書館だけではなく，市町村立図書館にもさまざまな事例がある。サーチエンジンで関連するキーワード（たとえば「パスファインダー＆公共図書館」や「図書館活用講座＆図書館」）を入れ検索すれば，各図書館のホームページから興味深い事例を見つけることも可能である（ただし，講座などは開催終了後にWebから削除されることもある）。ホームページに「事業概要」「業務概要」などの名称で図書館の年間活動報告が掲載されている場合もある。情報リテラシーの育成に関連する講座名などが記載されていることもあるので参考にしてほしい。

　つぎに，先の『図書館利用教育ガイドライン－総合版－』を参考に，情報リテラシーの育成を支援するためのサービスの方法・事例を紹介する。

① 紙媒体の利用案内

　図書館の利用法を案内する基本となる。ホームページにアップされる内容と重複するが，簡潔でわかりやすいため紙媒体で作成し図書館カード登録時には配布することが多い。大人用，子ども用，日本語以外の言語用など利用対象によって複数の種類を作成する場合もある。館内で随時配布するほか，ほかの公共施設などにも配布して広報に活用される。

② 掲示・展示

　OPACやデータベースの使い方など検索ツールの利用方法，日本十進分類法の見方（図書館の本の背ラベルの見方を含む）などがある。

③ 日常的なフロアワーク・レファレンスサービス

　検索の方法，特定テーマの調べ方など，個別な質問に応じて利用者に直接案内する。

④ 図書館ツアー

　内容は図書館の見学だが，書庫を中心とする見学ツアー[12]，見学会と講座の組み合わせなどもある。

⑤ ホームページや「レファレンス協同データベース」[13]によるレファレンス事例の公開

レファレンス事例は，具体的な課題解決の参考事例となる。

⑥ 調べ方案内・パスファインダー

調べ方案内・パスファインダーは従来も紙媒体で作成されてきたが，ホームページにもアップされている場合も多い。「公共図書館パスファインダーリンク集」（国立国会図書館リサーチ・ナビ）[14]に各参加館の事例がリンクされている。子ども対象の調べ方案内の事例[15]もある。

⑦ 特定テーマのためのリンク集

ホームページを活用したサービスだが，リンク切れなど定期的なメンテナンスが必要になる。

⑧ 講　座

以下は、主に個人利用者を対象とした図書館内で開催される講座[16]の一例である。

- 検索スキルのための講座：OPAC検索，データベース検索，インターネット検索など
- 図書館活用講座：図書館の使い方や利用方法などについて図書館によって内容や「図書館の達人講座」など名称が工夫される場合もある。
- テーマ別の調べ方講座：本・雑誌・出版情報，健康情報，ビジネス情報，法情報など

各講座のなかで情報の評価や著作権の問題が織り込まれることもあり得る。このほか学校支援の一環として図書館職員が学校に出かけて実施するような，図書館の外へ出かける「出前講座」もある。

c. サービス展開の留意点と今後の可能性

サービス展開のうえで留意しなくてはならないのは，サービス対象の把握である。サービス対象が明確であれば，ニーズに対応してより高い効果を望めるからである。

対象を絞り込む場合は，年代別（子ども，ヤングアダルト，大人，シニア），あるいは親子向けなどの複数の年代の組み合わせが考えられる。「学校支援」「高校支援」など該当学年によって絞り込むこともある。講座を開催する場合などは，ビジネス情報のように内容によって利用対象を限定する方法もある。

これまで，個人を対象とする情報リテラシーの育成を中心に述べてきたが，学校支援以外にも，行政支援など特定の恒常的に存在する集団に対するサービス事例もある。たとえば，都道府県立図書館の場合は各自治体内の市町村立図書館職員に対して，さらに、その自治体内では地区館・分館の職員に対してというように，実際には研修のなかに織り込むかたちで実施されているのではないかと考えられる。

公共図書館の情報リテラシー教育については，試行錯誤のなかで内容と方法が拡充されつつあるが，どの公共図書館でもサービス展開が図れるよう理論形成や具体的な参考事例の集積を進めていく必要がある。

> 設　問

(1) 身近な図書館をモデルに，図書館の利用者が手に取りたくなる，わかりやすい図書館案内を作成しなさい（Ａ４版１枚。両面印刷可。カットや紙の折り方なども考えてデザインを工夫すること）。
(2) 「公共図書館パスファインダーリンク集（国立国会図書館リサーチ・ナビ）」http://rnavi.ndl.go.jp/research_guide/pubpath.php（'13.6.23現在参照可）を検索し，利用者にとって役に立つと思われる事例を5つ選び，理由を各100字以内で説明しなさい。

参考文献
1. 日本図書館協会図書館利用教育委員会編『情報リテラシー教育の実践　すべての図書館で利用教育を』（JLA図書館実践シリーズ14）日本図書館協会，2010年
2. 日本図書館協会図書館利用教育委員会編『図書館利用教育ガイドライン合冊版　図書館における情報リテラシー教育支援サービスのために』日本図書館協会，2001年

注）
1) 大串夏身「第1章　課題解決型サービスを提供する意義」『図書館の最前線3　課題解決型サービスの創造と展開』青弓社，2008年，pp.13-20。
2) 日本図書館協会図書館ハンドブック編集委員会編『図書館ハンドブック』（第6版補訂版）日本図書館協会，2010年，p.92。
3) Association of College & Research Libraries, "Presidential Committee on Information Literacy: Final Report" http://www.ala.org/acrl/publications/whitepapers/presidential（'13.6.23現在参照可）。
4) 米国図書館協会会長情報リテラシー諮問委員会／大盛善盛訳「情報リテラシー」『同志社図書館情報学』No.8，1997年，p 23-44。
5) 日本図書館協会図書館利用教育委員会　http://www.jla.or.jp/portals/0/html/cue/index.html（'13.6.23現在参照可）。参考文献2も参照。
6) 文部省：生涯学習審議会社会教育分科審議会計画部会図書館専門委員会「図書館の情報化の必要性とその推進方策について－地域の情報化推進拠点として－（報告）」1998年10月。
7) 文部科学省：生涯学習審議会図書館専門委員会「公立図書館の設置及び運営上の望ましい基準」（文部科学省告示第132号）2001年7月18日，http://www.mext.go.jp/a_menu/sports/dokusyo/hourei/cont_001/009.htm（'13.6.23現在参照可）。
8) 文部科学省：これからの図書館の在り方検討協力者会議「これからの図書館像：地域を支える情報拠点をめざして（報告）」2006年3月，http://warp.da.ndl.go.jp/info:ndljp/pid/286184/www.mext.go.jp/b_menu/houdou/18/04/06032701.htm（'13.6.23現在参照可）。
9) 野末俊比古「情報リテラシー教育：図書館・図書館情報学を取り巻く研究動向」『カレントアウェアネス』No.302, 2009年12月20日. http://current.ndl.go.jp/print/book/export/html/15547（'13.6.23現在参照可）。
10) 髙田淳子「公共図書館における情報リテラシー教育の枠組み－現況調査を基に－」『2012年度日本図書館情報学会春季研究集会発表要綱』日本図書館情報学会，2012年5月12日，pp.27-30。
11) 『図書館利用教育ガイドライン』は全館種があるが，一般に知られているのは総合版と大学図書館版で，公共図書館版は活用されておらず，内容的にも限定されていることから，ここでは総合版を参照。
12) 大阪府立中央図書館「地下書庫見学ツアー」http://www.library.pref.osaka.jp/central/chikashoko.html（'13.6.23現在参照可）など。
13) 国立国会図書館「レファレンス協同データベース」http://crd.ndl.go.jp/jp/public/（'13.6.23現在参照可）。
14) 国立国会図書館「公共図書館パスファインダーリンク集」（国立国会図書館リサーチ・ナビ）http://rnavi.ndl.go.jp/research_guide/pubpath.php　（'13.6.23現在参照可）。
15) 横浜市立図書館「横浜探偵団」http://www.city.yokohama.lg.jp/kyoiku/library/chiiki/central/（'13.6.23現在参照可）。
16) 神奈川県立図書館「平成24年度　県民公開講座」「探し方入門講座」など。http://www.klnet.pref.kanagawa.jp/yokohama/information/kenmin_kouza_top.htm（'13.6.23現在参照可）。

15 展望

本書では，情報とは何かという基本的問いから始め，図書館における情報サービスの意義，その種類とサービスの実際を学び，さまざまな情報源の利用法を学習した。今後，IT 社会と呼ばれる時代にあって，情報サービスはどうあるべきか，図書館や図書館員がなすべきこと，求められていることは何か──本章では，これまでの学習をふり返りながら，未来の図書館と図書館員の姿を描いてみよう。

第1節　IT 社会と図書館

a. 情報サービスの多様性

1990 年代まで，図書館で提供する資料は紙媒体のものが中心であった。現在では，それに加えて，辞書や百科事典などを CD-ROM に収めたパッケージ型の電子資料や，電子ジャーナルやデータベースなどインターネットを介して利用できるネットワーク上の情報資源への移行が徐々に進んでいる。利用者への情報サービスも，これら電子資料／情報を取り込んでおこなうことがもはや一般的となっており，とくに後者（ネットワーク情報資源）の活用はさらに増えると予想される。

情報サービスの目的は，利用者が求める資料や情報を入手できるように支援することである。情報サービスの目的・理念は，この先，時代が変わっても，図書館のおかれた環境が異なっても，また，資料・情報の媒体が変化しても，変わることはない。情報サービスの目的は不変であり，かつ普遍的なものである。図書館は，利用者の多様なニーズにもとづき，これに適切に対応していかなければならない。利用者ニーズに的確に十分に応えることができて初めて，利用者の信頼と評価を得ることができる。

b. ハイブリッド図書館

IT（情報技術）の進歩とネットワークの発達により，社会では急速にデジタル化が進展した。図書館でも，前述のように電子資料／情報が増加する傾向にある。なかには，自館所蔵の古地図，古文書，写真・絵などの郷土資料をデジタル化し，提供している図書館もある[1]。これは，資料の劣化や散逸を防ぎ，広く市民に公開するという趣旨による。

それでは，現在，図書館で所蔵している紙媒体資料すべてをデジタル化していくべきかというと，それは現実的ではない。紙媒体，電子媒体にはそれぞれに特性があり，電子媒体のほうが適切とはいえない場合もある。大きな図表を見る際には，一覧性（または通覧性）という点で紙媒体のほうがすぐれている。また，まとめて数日分の新聞を読む必要が生じた場合は，紙媒体のほうが長時間読んでいても眼が疲れないことから，紙媒体を利用する人が多いという報告もある[2]。

さらに，利用者には乳児から高齢者までいること，障がいにより電子媒体の利用が困難な人もいること，そして電子化には費用がかかることなどを考え合わせると，既存の資料でデジタル化されるものは，それぞれの図書館で選択した一部のみに限られてくる。今後，図書館は，従来の紙媒体と電子媒体とが共存するハイブリッド図書館となっていくだろう。

　デジタル化が進んでくると，最先端のITの活用と電子資料／情報を提供する図書館を，よい図書館と考えがちである。しかし，これは必ずしもそうとはいえない。情報サービスは，前述のように利用者ニーズにもとづいておこなわれる。電子資料／情報の提供をおこなえば，それで万全とはいいきれず，大切なことは，デジタル化の重要性を十分に意識しながらも，「利用者が求める資料や情報を入手できるように支援すること」という，情報サービスの本来の目的を見失わないことである。

第2節　これからの情報サービス

　筆者は前節で，今後，図書館はハイブリッド図書館になっていくだろうと述べた。しかし，デジタル化の勢いは早まっている。本節では，今後，増加が予想される電子媒体を用いておこなう情報サービスについて，図書館員のなすべきことを考える。

a. 電子媒体の特性と使い方を知る

　過去10年間，わが国の電子出版市場は急速に拡大した。電子出版の市場規模は，出版市場全体のわずか3％程度にすぎないものの，2002（平成14）年度の10億円から2010（平成22）年度には650億円へと，急成長を遂げている[3]。2012（平成24）年4月には「電子出版，電子書店などへの新規参入を容易にし，誰でもが電子出版による言論表現活動に参加できることを目指して」株式会社出版デジタル機構が設立された。講談社や集英社などの出版各社と大日本印刷，凸版印刷が共同出資し，官民ファンドの産業革新機構も事業に参画している。同機構は，発足当初，5年後の2017（平成29）年には100万点を電子化する方針を掲げたが，この計画を速めるため国内最大手の電子書籍取次会社ビットウェイを買収すると発表した。米国では，電子書籍市場は2012年に4000億円を超え5年以内に1兆円規模に達すると予想されている。日本の市場規模は米国の約6分の1程度といわれており，産官が結集した出版デジタル機構の成否が電子書籍の普及に向け試金石になると観測されている[4]。

　2010（平成22）年は，「電子書籍元年」といわれ，アマゾンのKindle，アップルのiPadを始め，各社からタブレット型端末が発売された。2013（平成25）年5月現在，タブレット市場の競争は激しさを増しており，紙の

写真15-1　アマゾン最初の電子書籍リーダー　写真はキンドル初代機

本を読む時代から，携帯電話やタブレット型端末で本を読む時代が近づいてきている。

　現在，電子媒体の参考図書（各種事典，データブック類）を提供している図書館は多数あるが，これ以外の電子書籍を貸出しているところはまだ少ない[5]。将来，出版物の多くが電子書籍となった場合は，現在，紙媒体で提供している小説類も，電子媒体，それも，ネットワーク型の電子書籍として貸出をおこなう公算が高い。図書館員には，それへの対応が否応（いやおう）なく求められることになる。電子媒体は，「機器に詳しい人」「ITに強い人」に任せていればこと足りるという時代は終わる。図書館員は，提供する資料の特性と使い方を知っておく必要があり，これは電子媒体に関しても同様である。図書館員誰もがIT対応できる時代へカジを切らねばならない。

写真 15-2　Sony の電子書籍リーダー"Reader"　写真は PRS-G1

b. 信頼できる情報を見きわめる

　近年のインターネットの爆発的な普及は，利用者の情報獲得行動を大きく変えた。利用者はインターネットを介して直接情報源にアクセスして情報を入手するようになり，図書館を経由して情報を入手するというこれまでの行動様式をとる人が少なくなった。しかし，膨大な情報量のなかで，何が重要で何がそうでないのかの判別に苦労している利用者も少なくない。

　インターネット上の情報は玉石混淆（ぎょくせきこんこう）といわれる。誰もが発信できるだけに，信頼性の薄い情報や古くなった情報，リンク先の切れた情報も多数混在する。その一方で，官公庁の発表する統計資料や調査報告など，これまでは大規模図書館でなければ閲覧できなかった資料も増加してきた。

写真 15-3　Sharp の電子書籍リーダー"GALAPAGOS"　写真は EB-A71GJ-B。いわゆるタブレットコンピュータとして使用できる。

これらには，そもそも紙媒体のものが出版されないボーンデジタル（born digital，デジタル形式でのみ生産される）資料も多数含まれる。

　インターネット上の情報を提供する際，図書館員にとって重要なことは，まず，それが信頼できる情報かどうかを見きわめることである。これは，それほどやさしいことではない。日ごろからインターネット上の情報をチェックし，情報の質を確認しておく必要がある。たとえば，国や都道府県など公的機関の報告や解説なのか，それとも特定の団体や企業，または個人の意見なのか，また，10年前の情報なのか，つい最近の情報なのかなど，確認すべき点は多い。一般に公的機関の発信する情報は信頼性が高いが，それ以外では，根拠の薄い情報や，真偽を確かめられ

ない情報が混じっていることがある。ただし，なかには団体や個人の意見であっても，豊富な知識と事例にもとづいて客観的に述べているものもあり，それらはおおいに役に立つ。

　こうして，情報の質を見きわめたうえで，利用者が個人で入手できる以上の情報を収集し，編集し，利用者の要求に合ったかたちに加工して提供することが求められる。たとえば，地域の行政情報を収集して抄録化（＝要約・抜粋）し，これらを出典を明示したうえで図書館のホームページに転載したり，社会で話題になっているテーマについて，資料リストとその所蔵館を載せたガイドを作成して提供することなどが考えられる。元の情報に対してのさまざまな付加価値（個人ではおこなえない図書館ならではの情報加工の付与）が提供されることで，利用者が入手できる情報の質と量は一段と向上するだろう。このようにして初めて，分散していたさまざまな断片的な情報は，利用者の求める役立つ「情報」となっていく。また，図書館員の側にしても，日常のこうした作業を積み重ねることによって，自分自身の知識・技術が磨かれ，自身の情報リテラシーが向上するようになるのである。

c. デジタルレファレンスサービスを切り札に

　2000年代半ば以降，インターネット上のQ&Aサイトの人気が高まっている。Q&Aサイトとは，簡単な登録で誰でも無料で質問でき，ほかの登録者や専門家から回答を得ることができるものである。質問への回答が得られるという点で，図書館のレファレンスサービスに近い。本節では，対面式およびQ&Aサイトの正答率と，公共図書館がインターネットを介しておこなうレファレンスサービス，すなわちデジタルレファレンスサービス（DRS）の正答率を比較した論文[6]を通して，今後の図書館のレファレンスサービスのあり方を考えたい。

　この論文によれば，質問に対するA判定（正しい答えを完全にかつ直接示され，誤答はなかった）の正答率は，市区立の図書館のDRSが57.1％，同対面式が52.1％，Q&Aサイトが43.3％である。これらにB判定（正しい答えを完全に含む資料・ページ・方法が示され，容易に答えを得ることができ，誤答はなかった）の正答率を加えると，比率は順に85.7％，62.5％，56.6％となる。DRSの方が，全般にQ&Aサイトより正答率が高い。また，DRS未実施館の対面式のA・B判定の正答率（57.7％）はQ&Aサイトと変わらないが，実施館のそれは87.5％で，Q&Aサイトより統計的に有意に高いことが明らかになっている。DRSを実施している市区立の公共図書館はまだきわめて少ないが[7]，先陣を切ってDRSに取り組んでいるだけに，全体にレファレンスサービスに対して意識が高く，この論文の著者らはそうした意識の高さが対面式でも発揮され，きわめて高い正答率につながったと推察している。

　以上の結果から，図書館ではDRSを実施できるくらいレファレンスサービスに熱心に取り組めば，高い正答率を示すことができ，Q&Aサイトを超える可能性があるということになる。図書館にとってインターネットは，図書館サービスの可能性をひらく，または拡大できる時代が到来したと受け止める図書館員は多い。DRSが図書館サービスにとって新しい切り札となっていくことが期待される。なお，関東7都県におけるDRSの実施状況を表15-1に掲げる。

　以上，デジタル社会における図書館員のなすべきことについて述べてきた。図書館員は十分な

表 15-1 関東 7 都県における DRS の実施状況

	都道府県立		市区立		町村立	
	館　数	実施館（％）	館　数	実施館（％）	館　数	実施館（％）
茨　城	1	1 (100.0)	33	3 (9.1)	7	1 (14.3)
栃　木	2	2 (100.0)	13	3 (23.1)	14	2 (14.3)
群　馬	1	1 (100.0)	12	0 (0.0)	10	0 (0.0)
埼　玉	1	1 (100.0)	40	5 (12.1)	20	0 (0.0)
千　葉	1	1 (100.0)	33	3 (9.1)	9	1 (11.1)
東　京	1	1 (100.0)	49	14 (28.6)	3	0 (0.0)
神奈川	1	1 (100.0)	19	3 (15.8)	12	0 (0.0)
合　計	8	8 (100.0)	199	31 (15.6)	75	4 (5.3)

出典：辻慶太［ほか］「公共図書館デジタルレファレンスサービスの正答率調査：対面式及び Q&A サイトとの比較を通じて」『図書館界』Vol.62 No.5, 2011 年 7 月, p.350 より。

知識と技術をもち，それらを目的に応じて使いこなせる能力が必要である。では，図書館員の情報リテラシーを客観的に測る尺度はあるのか，また，目標にすべき修得レベルは示されているのかを次節で説明しよう。

第 3 節　情報の専門家として

a．人材育成の重要性

情報サービスを担うのは図書館員であり，サービスの内容や質はそれを提供する個人の力量に負うところが大きい。したがって，情報サービス提供者の育成は今後の図書館におけるサービス全般の成否に大きく影響する。

一般に，人材育成には，OJT（On-the-job-training，職場で日常業務につきながら上司や先輩によっておこなわれる教育訓練），Off-JT（通常の業務を一時的に離れて受ける教育訓練），および自己啓発（職員・社員が自らの能力開発のためにおこなう学習活動や技能修得活動）の 3 種がある。以下では，自己啓発の 1 つである資格取得に関して，そのなかでも，本書の読者が受験できる試験を紹介する。受験をきっかけに，多くの知識・技術を修得して情報リテラシーを高め，この先の進路にぜひ役立ててほしい。

b．検索技術者検定

検索技術者検定[8]とは，情報科学技術協会（INFOSTA〈インフォスタ〉）が主催している検定試験制度で，データベース検索の知識について認定するものである。2014（平成 26）年度から，1 級・2 級・3 級というかたちで実施されている。表 15-2 に試験領域と内容を示した。

受験の申し込み期間は毎年 9～10 月で，試験の実施は 11 月下旬である。試験問題と解答，ならびに合格者名は，INFOSTA の会誌『情報の科学と技術』の 3～4 月号に掲載される。2013

表 15-2　検索技術者検定の試験領域と内容

区分	3 級	区分	2 級	1 級
情報組織化と流通	・情報の種類，一次情報と二次情報 ・情報の収集・整理・蓄積 ・情報とデータの組織化 ・分類と索引 ・情報サービス機関（図書館等）の役割 ・データベースの歴史と種類 ・データベース作成方法 ・データベースの提供	情報検索技術に関する知識と実践	・情報源の選択能力 ・検索システムに関する知識 ・コマンド，検索式，キーワード，シソーラス等の検索技術に関する一般的知識 ・情報要求者とのコミュニケーション能力	・情報源の選択および経済的評価能力 ・高度な検索技術の実施能力 ・情報要求者とのコミュニケーション能力
		情報組織化と流通	・情報検索の歴史 ・データベースの種類 ・データベースの流通 ・情報サービス機関	・データベースの種類 ・データベースの流通 ・情報サービス機関
情報の検索	・情報源（データベース含む）の特性とその内容 ・情報検索の方法 ・情報サービス機関の利用法	専門分野の情報	・代表的な専門分野の情報資源と特徴 ・専門分野の検索戦略作成 ・専門分野の検索主題の解析能力 ・専門分野の調査結果の評価，考察 ・専門分野のサーチエイドに関する知識 ・英文マニュアルの解読力 ・インフォプロの役割	・専門分野の情報資源 ・専門分野の主題知識 ・専門分野の法規制に関する知識 ・専門分野の調査結果の解析，評価 ・専門分野周辺領域に関する知識 ・情報検索に関する英文解読力 ・インフォプロの役割
さまざまな情報源	・情報資源の検索 ・ウェブサイト ・検索エンジン ・ウィキペディア			
ITの最新技術と情報社会	・ハードウェアのしくみ ・ソフトウェアのしくみ ・コンピュータ通信のしくみ ・電子メール，WWW ・TCP／IP ・サーチエンジン ・情報政策，情報倫理 ・情報セキュリティ ・知的財産権，著作権	情報の利活用	・情報の管理 ・情報の分析 ・知的財産権，著作権に関する一般的知識 ・情報と問題解決	・情報の管理 ・情報の分析 ・知的財産権，著作権に関する知識 ・情報と問題解決
		情報の最新技術	・コンピュータに関する知識 ・インターネットに関する知識 ・情報セキュリティに関する知識	・コンピュータに関する知識 ・インターネットに関する知識 ・情報セキュリティに関する知識
		情報の伝達と評価	・思考過程を簡潔に表現する文章作成能力	・小論文執筆能力 ・プレゼンテーション能力
		教育・指導能力調整・提案能力		・ユーザー教育の企画・運営能力 ・サーチャー教育の企画・運営能力 ・部門間調整能力

出典：情報科学技術協会「2014年度検索技術者検定受験案内」

（平成25）年度の試験会場（前身の情報検索基礎能力試験）は，東京（2会場），名古屋，京都，大阪，福岡，つくば，上田の8カ所であるが，このほか個別に申し出のある会場でも実施する。

なお，INFOSTAでは，「情報検索基礎能力試験対策セミナー」「サーチャー講座」をはじめ，さまざまな研修会・勉強会なども実施している。そのなかには，たとえば，「実務に役立つ著作権セミナー」「プロが語る特許調査の極意」や「ビブリオバトル入門～開催のコツ教えます～」など，時宜を得た講座や「印刷博物館見学会」のようなイベントもあるので，ぜひ，参加してみたいものである（詳しくは，INFOSTAホームページ「開催案内」http://www.infosta.or.jp/参照）。

第4節　文化の継承者として

　先人から受け継いできたように，私たちは，受け継いだ文化を次世代に確実に渡さなければならない。文化をつくるのは今を生きる世代であり，それを活用し，さらに発展させ深化させるのは，社会の中枢を担う世代と，それに続く若い世代である。

　文化は，古来より人々が生み出してきた知識と芸術の集成である。図書館はそれを体現したものの一部を収蔵する場であり，日々創造される新しい知識の獲得を保証する場でもある。図書館は，過去と未来の橋渡しの重要な役目をもつ。図書館の情報サービスは，その橋渡しの一部門である。利用者の広範な情報ニーズに適切，迅速，十分に応えることは，文化の継承にかかわる者の責務であり目標でもある。

設　問

(1) ケータイやパソコンで「青空文庫」(http://www.aozora.gr.jp/) の電子書籍（無料）を読んでみよう。
(2) 図書館とその関連領域には，ほかにどのような資格があるのか調べてみよう。

参考文献
1. 木本幸子『図書館で使える情報源と情報サービス』2010年
2. 原田智子［ほか］『情報検索の基礎知識』新訂2版，2011年

注）
1) たとえば，函館市中央書館のデジタル資料館 http://www.lib-hkd.jp/digital/ ('13.6.30現在参照可) や，静岡市立中央図書館のデジタルライブラリー http://www.tosyokan.pref.shizuoka.jp/contents/library/ ('13.6.30現在参照可) など多数ある。
2) 村井友子「利用と保存の観点からみた新聞媒体のメリット・デメリット：アジア経済研究所図書館の経験から」『専門図書館』No.250, 2011年, pp.23-30。
3) インターネットメディア総合研究所編『電子書籍ビジネス調査報告書2011』インプレスR&Dインターネットメディア総合研究所，2011年, pp.16-19。
4) 「書籍電子化の出版デジタル機構，配信最大手を買収，取扱量10万点超に」『日本経済新聞』2013年5月30日付朝刊13面。
5) 2013（平成25）年2月現在，電子書籍を貸出している図書館は，東京都千代田区立千代田図書館をはじめ10館程度である。二村健「電子化進む全国の図書館　国会図書館先頭に21世紀型へ」『週刊エコノミスト』2013年3月12日号, pp.46-7。
6) 辻慶太［ほか］「公共図書館デジタルレファレンスサービスの正答率調査：対面式及びQ&Aサイトとの比較を通じて」『図書館界』Vol.62, No.5, 2011年, pp.348-363。
7) 同上の調査によれば，DRSを実施している関東地方の図書館は，都道府県立図書館で8館中8館，市区立図書館で199館中31館，町村立図書館で75館中4館である。同上，p.350。
8) 情報科学技術協会「2014年度検索技術者検定受験案内」http://www.infosta.or.jp/shiken/2014annai.html ('14.8.29現在参照可)。

巻末資料

資料1 中田邦造「読書の意義を省みて図書館関係者の任務をおもう」（第1章関連）

＊文中の「……」は中略を意味する

1-A（中田 1980a）
梶井重雄編［中田邦造著］「読書の内面的意義を省みて図書館関係者の任務おもう」『中田邦造：個人別図書館論選集』東京：日本図書館協会, 1980（初出『石川県立図書館月報一月号〜九月号』, 1926年）

1-B（中田 1980b）
梶井重雄編［中田邦造著］「図書館の対象学について」『中田邦造：個人別図書館論選集』東京：日本図書館協会, 1980
（初出：中田邦造「図書館の対象学について」『図書館研究』XI-1, 1938）

1-C（中田 1980c）
梶井重雄編［中田邦造著］「町村図書館の経営方法」『中田邦造：個人別図書館論選集』東京：日本図書館協会, 1980
（初出：中田邦造「町村図書館の経営方法」『図書館雑誌』第35巻第1号, 1941）

1-D（中田 1978）
中田邦造著『復刻図書館学古典資料集　公共図書館の使命』東京：日本図書館協会, 1978（初出：中田邦造著『公共図書館の使命』金沢：石川県社会教育課, 1933）

「我々が理想として考え得るごとき図書館の姿とは……人類文化の抜粋として……人類の自己教養を促進し……自由人の生活規範となり，人類発展の大道を明示するものである。図書館がかくのごとき本質を発揮し得るためには，何を必要条件とするであろうか。その第一は哲学である。図書館と一概に言うも，それには許多の種類あることはいうまでもない，けれどもそれらがすべて図書館なる名をもって呼ばれ得る所以のものは，そこに根本的に通ずるところがあるからである。それはすなわち図書館の生命となるものでなくてはならぬ。各種の図書館は各自の目的をもっているはずである。この普遍的なる図書館の使命を自覚し，各自の目的を高く掲げて立つところ，そこに哲学が生れる。これは図書館成立の根本要件である。これの有無は図書館をして人格の庵たらしめるか，本箱たらしめるかの別を生ずる。」（中田 1980a, pp.37-38）

「図書とは何ものであるか。活字の跡に満ちた紙片の綴を指してこれに答える人とは，しばらく言葉を交えることを差し控えたい。「文は人なり」と言った人がある。私はこの人と最初の言葉をを交えよう。……文とは何か，人とは何か。思うに，文は意味であり，意味は心であり，心は人である。」（中田 1980a, pp.7-8）

「図書の本質が文として現れたる人と見らるべきことは容認されるにしても，音楽も劇も日常の言行も，また人の表現として見られるならば，両者は如何に区別せられるであろうか？図書は人の表現形式として，他の諸形式に対して，如何なる特質を有するであろうか。更に同じく図書というも，その内容は多様である。……かくのごとき広大なる範囲にまたがる図書が一様に図書と呼ばれる所以の特質はいずれにあるであろうか。」（中田 1980, pp.13-14）

「一概に図書というも内容的には無限に区別せらるべきであるが，図書の本質たる一人格の表現としての内面的統一を有せず，糊と鋏とによって作られるごときものは別として，いやしくも一事一道の内容を表現し，不完全ながらにも図書と呼ばれ得るものならば，それは必ず人格的統一点から生み出され，一義をもって貫かれているのである。……一事一道においても，その生命となる所の根源を，何らかの程度において自覚せる者でなければ，その領域に属する内容を内面的統一をもって表現することはできない。されば図書は図書化せられざる人格内容よりも高次的である。……さればこそ図書による表現は同じ内容の他の表現よりも一般性客観性をもち，指導力を含んでいるのである。」（中田 1980a, pp.16-17）

「書を読むとは何事か。例えば紙上に書かれたる「柳緑花紅」を読むとは如何なることであろうか。……これらの文字をそれとして読めば，言うまでもなく柳葉の色が赤でもなく黄でもなく緑色であること，花の色が青でもなく紫でもなく紅であることを意味しているに過ぎないが，この四文字の一連よりなる一文が意味するところはそれだけではない。……眼横鼻直と柳緑花紅とは文字としては似ても似つかぬものであるが文としては大いに通ずるところがある。通ずるところはこの表現に包含せられている心境である。文を読むとはこの心境に触れること，すなわち図書に含まれたるこの心境を自己の内に再現してみることである。」（中田 1980a, p.19）

「文字の関係より成る文，更にその体系としての図書においては，その内面的統一性を発見し得るのでないならば，いまだそれを読み得たりとは言い得ない。図書が……自由なる人格の固定的表現であると見得るならば……これを読むとは……この人格の力を固定的なる姿から喚び起し，流動性を復活し，その自由を再現してみることにほかならない。」（中田 1980a, pp.19

-20）

「図書館とは何であるか，という問は……図書館が現在如何なる姿をしており，何人により如何に運営されているか，というようなことに関するものではなくて，それがもち得る永久的意義を探索せんとするものにほかならない。従って理想主義者の言葉を借りて言うならば，「図書館とは如何なるものであるべきか」という問題なのである。しかしながら図書館なるものは，いわゆる理論理性の純粋なる活動の内容ではなくして，全く実践理性の領域内に生れたるものと見らるべきものなる故に，むしろその意味は厳密には「吾等は図書館をして如何なるものたらしむべきか」という意味に解しなければならないのである。」（中田1980a, p.30）

「図書館なるものは，人格の表現たる図書の内面的統一として，静的には人類の記憶とも見られ，動的にはその自己教養活動とも見らるべきものと言ってよかろう。図書館は……一面に創造されたる文化内容であるとともに，他面には……創造的なる文化生産力と見らるべきものである。」（中田1980a, p.36）

「図書館が，今日の実状の示すごとく……人格の種子たる図書を，そのままの姿にて保持しているばかりであるならば，全く作られたるもの以上には出でず，創造力としては無力なるを免れない。」（中田1980, p.36）

「いちいちの花は皆実を結び，それが枝を離れて独立の生命となるも，もし生命が例えば水中や石上におかれて芽を出し根を張る機会を得ないならば，おそらくはその生命の内容を表現することなく，可能的なる生命のままにして永久に葬られるであろうごとく，図書館においても，それが図書として完成した刹那には現実なる生命活動から切り離され，もしそれが読書によって再現せられぬならば，単に可能的なる人格価値の種子として埋れてしまわねばならぬものである。」（中田1980a, p.22）

「図書は……あたかもすでに枝を離れ，しかもいまだ根をドロさざる植物の種子のごとく，もし発芽の機会を得るならば，それ自身の内容を展開し，独立なる生命として働き得るごとき個性的人格の種子のごときものである。植物の種子の発芽に土壌を要するごとく，図書は何人かによって読まれ，その心田に根を下ろすことによって，その現実性を獲得し，個人的人格として発動するものである。しかしてかく人格的力を発揮しつつある時こそ，図書は真に図書たり得るのである。図書は常に読書を予想し，読まれんことを要求している。読まれない図書は反古以上のものではない。」（中田1980a, p.31）

「図書館はその本体において，建物でもなければ，単なる文庫でもなく，それらの上に立つ働であるが，その働を負うものは，言ふまでもなく図書館員である。……図書館員の仕事は，単に図書を図書として取扱ふことにあるのではなく，図書と人とを結びつけるところにある」（中田1978, p.37）

「営造物としての図書館が図書記録を集めて公衆の閲覧に供するというよりは，図書を収集してこれを公衆の閲覧に供することが図書館の本体であると言いたい。図書館とは建物でもなく，蒐書でもなく，経営者の力によって，それらのものを通じて公衆に働きかける継続的な有目的ゝ働きそのものであると見たい。」（中田1980b, p.31）

「図書館精神とは，図書の世界に通じた目をもって対象界をながめた時，両者の結合を図らんとして発動する，やむにやまれぬ文化精神のことである。」（中田1980b, p.31）

「図書館ないし図書館的なるものは，直接間接図書館精神に発している……ここに図書館精神というは，図書を通じて民衆生活の文化的充実を図らんとする生産的なる文化精神のことであって，これは図書館員はもとよりすべての文化的生活者にも宿っているものである。」（中田1980c, pp.111-112）

資料2　NDL-OPAC（第7章関連）

① NDL-OPACのトップ画面
https://ndlopac.ndl.go.jp
('13.6.23現在参照可)

② NDL-OPAC の詳細検索画面

③ ②の検索結果の画面

④ ③の検索結果1件目の詳細画面

資料3　主な図書館のOPAC画面（第7章関連）

■日野市立図書館のOPAC

https://www.lib.city.hino.tokyo.jp/licsxp-opac/WOpacTifSchCmpdDispAction.do
（'13.6.23 現在参照可）

■東京大学付属図書館のOPAC

https://opac.dl.itc.u-tokyo.ac.jp/
（'13.6.23 現在参照可）

■ニューヨーク公共図書館のOPAC

http://nypl.bibliocommons.com/
（'13.6.23 現在参照可）

資料4 東京都立図書館統合検索（第7章関連）

▲① 東京都立図書館統合検索の画面
http://ufinity51.jp.fujitsu.com/cass/?tenantld=metro
（'13.6.23 現在参照可）

▲② ①の検索結果の画面

▶③ ②の文京区の結果4件目の詳細画面

資料5　点字一覧表（第12章関連）

点字一覧表（凸面）（読む方）

五十音

ア　イ　ウ　エ　オ
カ　キ　ク　ケ　コ
サ　シ　ス　セ　ソ
タ　チ　ツ　テ　ト
ナ　ニ　ヌ　ネ　ノ
ハ　ヒ　フ　ヘ　ホ
マ　ミ　ム　メ　モ
ヤ　　　ユ　　　ヨ
ラ　リ　ル　レ　ロ
ワ　　　　　　　ヲ
ン　ッ　ー

濁音・半濁音

ガ　ギ　グ　ゲ　ゴ
ザ　ジ　ズ　ゼ　ゾ
ダ　ヂ　ヅ　デ　ド
バ　ビ　ブ　ベ　ボ
パ　ピ　プ　ペ　ポ

拗音など

キャ　キュ　キョ　ギャ　ギュ　ギョ
シャ　シュ　ショ　ジャ　ジュ　ジョ
チャ　チュ　チョ　ヂャ　ヂュ　ヂョ
ニャ　ニュ　ニョ
ヒャ　ヒュ　ヒョ　ビャ　ビュ　ビョ
ミャ　ミュ　ミョ　ピャ　ピュ　ピョ
リャ　リュ　リョ

数字

1　2　3　4　5　6　7　8　9　0　10　123

アルファベット

a　b　c　d　e　f　g　h　i　j
k　l　m　n　o　p　q　r　s　t
u　v　w　x　y　z　外字符　大文字符　棒線　点線　第1つなぎ符

おもな符号

。　、　？　！
「　」　（　）

出典：日本点字委員会「ルイ・ブライユ生誕200年記念事業」2008年

資料6　調布市立図書館の「新着図書通知案内」（第12章関連）

出典：調布市立図書館発行

資料7　福井県立図書館の「パスファインダー〈例〉」（第12章関連）

出典：福井県立図書館ホームページ
　　　http://www.library.pref.fukui.jp/reference/pathfinder/pathfinder8.pdf

資料8　図書館における情報リテラシー教育支援サービスの目標と方法（第14章関連）

■総合版：目標・方法

	領域1　印象づけ	領域2　サービス案内	領域3　情報探索法指導	領域4　情報整理法指導	領域5　情報表現法指導
目標	以下の事項を認識する。 1. 図書館は生活・学習・研究上の基本的な資料・情報の収集・蓄積・提供機関 2. 図書館は資料・情報の受信・発信・交流の拠点 3. 図書館は種々のメディアを提供する機関 4. 図書館は物理的な空間というより世界に開かれた「情報の窓」 5. 図書館は気軽・便利・快適で自由な休息と交流の場 6. 図書館は個人の知る権利を保障する社会的機関（知る権利） 7. 図書館は生涯学習を支援する開かれたサービス機関（学ぶ権利） 8. 情報活用技能の重要性 9. 図書館の種類と特徴 10. 図書館とそのサービスポイントの所在地	以下の事項を理解する。 1. 自館の特徴 2. 施設・設備の配置（分館、サービスポイントの所在地） 3. 検索ツールの配置と利用法 4. 参考図書・ツールの存在と有用性 5. 利用規定（開館時間等） 6. サービスの種類（貸出、複写、レファレンス、予約、リクエスト、情報検索、相互貸借、アウトリーチ、利用指導等） 7. 対象別サービスの存在（障害者、幼児、児童、ヤングアダルト、成人、高齢者、多文化サービス等） 8. 図書館員による専門的サービスの存在（調査・研究支援） 9. 図書館員による親切丁寧な案内・援助・協力を受けられること 10. 利用マナー 11. 行事の案内（講演会、展示会、上映会、お話し会、ワークショップ等）	以下の事項を理解し習得する。 1. 情報探索法の意義 2. 情報の特性 3. 情報の評価のポイント 4. 資料の基本タイプと利用法（図書、雑誌、新聞、参考図書、AV資料、CD-ROM、オンラインデータベース等） 5. アクセスポイントと使い方（著者名、タイトル、キーワード、分類記号、件名標目、ディスクリプタ等） 6. 検索ツールの存在と利用法（書誌、索引、目録、OPAC、レファレンス・データベース等） 7. サーチエイドの存在と利用法（分類表、件名標目表、シソーラス、マニュアル等） 8. 情報検索の原理（AND/OR/NOTトランケーション等） 9. 情報探索ストラテジーの立て方（一般的、専門的） 10. 自館資料の組織法と利用法（分類、請求記号等） 11. レファレンス・サービスの利用法 12. 他機関資料の調査法と利用法 13. ブラウジングの効用	以下の事項を理解し習得する。 1. 情報内容の抽出と加工（要約、引用、言い換え、抄録、翻訳、解題等） 2. 情報内容のメディア別の記録法（メモ・ノート法、カード記録法、クリッピング、データベースのダウンロード、録音録画等） 3. 情報内容のメディア別の整理法（ファイリング、コンピュータによる加工法等） 4. 資料の分類とインデックスの作成法（キーワード、見出し語の付与等） 5. 書誌事項、アクセスポイントの記載法 6. 発想法（ブレーンストーミング、KJ法等） 7. 分野別・専門別の整理法 8. 情報整理法の意義	以下の事項を理解し習得する。 1. 情報倫理（著作権、プライバシー、公正利用等） 2. レポート、論文、報告書、資料の作成法（構成、書式、引用規則等） 3. 印刷資料の作成法（パンフレット、リーフレット、ミニコミ紙等） 4. AV資料の作成法（ビデオの撮影、編集等） 5. コンピュータによる表現法（グラフィック、作曲、アニメーション等） 6. コンピュータ・ネットワークによる情報発信（電子メール、インターネット等） 7. プレゼンテーション技法（話し方、OHP、板書法、AV、マルチメディア、学会発表等） 8. 分野別の専門的な表現法 9. 情報表現法の意義

	領域1　印象づけ	領域2　サービス案内	領域3, 4, 5　情報探索法指導　情報整理法指導　情報表現法指導
方法	1. ポスター、ステッカー、ちらしなどによる図書館の存在のアピール 2. 地域、親機関の広報媒体による図書館紹介（社内報、行政広報誌、図書館報、学校・大学新聞、学校・大学案内、ホームページ等） 3. 図書館の位置を知らせるサイン 4. マスメディアでの図書館紹介・ニュース（パブリシティ） 5. 地図・案内図への記載 6. 行事（展示会、講演会、コンサート等） 7. 入社、入学オリエンテーションでの図書館紹介 8. 授業の中で、教員による図書館の意義への言及（学校教育機関で） 9. 自由読書の時間（学校で） 10. 公共図書館の学校訪問 11. 図書館見学 12. ブックトーク 13. コンピュータ・ネットワーク（インターネット等）利用	1. パンフレット、リーフレット（図書館利用の手引き、館報、館内配置図、図書館所在地一覧、サービス別案内、拡大文字・点字・外国語で記された案内等） 2. 案内ビデオ（字幕付、外国語等） 3. 館内サイン（定点、誘導） 4. CAI 5. 図書館オリエンテーション（新入生、新入社員、学年別、クラス・ゼミ別、教職員、研究員、留学生、帰国学生、新規登録者地域のグループ等） 6. 図書館招待（幼稚園児、保育園児、児童・生徒、地域のグループ） 7. 館内ツアー 8. クイック・レファレンス（案内デスク、フロアワーク） 9. コンピュータ・ネットワーク（インターネット等）による図書館サービスの案内や紹介	1. 講習会、ワークショップの開催（特定情報の探し方、レポートのまとめ方、インターネットの使い方、特定分野に関するCD-ROMの使い方、コンピュータ利用のプレゼンテーション技法等） 2. 独習用ツールの設置（AV、CAI、ワークブック、テキストブック等） 3. パンフレット、リーフレットの配布（パスファインダー、文献・資料リスト、機器・資料の使い方マニュアル等） 4. 機器・資料の使い方サイン 5. 電子掲示板システムの利用 6. コンピュータ・ネットワーク（インターネット等）の利用 7. マスメディアを利用した指導（テレビ番組、ラジオ番組、新聞記事等） 8. 情報生産コーナーの設置（ワープロ、コピー機、ビデオ編集機、コンピュータ等） 9. 発表の場の設定（発表会、展示会、展示・掲示コーナー、新聞、投書箱、電子会議等） 10. 学校教育機関においての独立学科目（図書館利用指導、情報利用教育等） 11. 学校教育機関においての学科関連指導（クラス・ゼミ単位、専門別等） 12. 学校教育機関においての学科統合指導 13. チュートリアル 14. レファレンスでの個別指導 15. 他機関・団体主催の講習・研修会等への出張指導 16. 展示

■学校図書館版：目標・方法

		領域1　印象づけ	領域2　サービス案内	領域3　情報探索法指導	領域4　情報整理法指導	領域5　情報表現法指導
目標		以下の事項を認識する。 1. 図書館は利用者の年齢にかかわらず、知る権利・読書の自由を保障する 2. 図書館は生活、学習、研究を情報面から支援する開かれたサービス機関 3. 図書館は利用者の自立を支援する教育機関 4. 図書館は憩い、集い、語らうことのできる広場 5. 図書館は種々のメディアを提供する機関 6. 図書館は物理的な空間というより世界に開かれた情報の窓 7. 図書館は気軽、便利、快適で自由な場 8. 情報活用能力（情報リテラシー）の重要性	以下の事項を理解する。 1. 自分の学校の図書館の特徴 2. 施設、設備の配置 3. 検索ツールの配置と利用法 4. 参考ツールの存在と有効性 5. 利用規定（開館時間等） 6. サービスの種類（貸出、予約、リクエスト、レファレンス・サービス、情報検索、相互貸借、複写サービス、読書案内、アウトリーチ等） 7. 図書館員による専門的サービスが受けられること 8. 図書館員による懇切、丁寧な案内、支援、協力を受けられること 9. 利用マナー 10. 行事（講演会、展示会、ワークショップ、上映会等）の案内 11. 館種の特徴と役割分担	以下の事項を理解し習得する。 1. 情報探索法の意義 2. 分野ごとの情報伝達形態の違いと固有の資料の存在 3. 情報の特性の理解と評価のポイント（クリティカル・リーディング等） 4. 資料の基本タイプと利用法（図書、雑誌、新聞、参考図書、AV資料、CD-ROM、オンライン・データベース等） 5. 情報機能のアクセスポイントと使い方（著者名、タイトル、キーワード、分類記号、件名標目、シソーラス等） 6. 情報検索の原理 7. 検索ツールの存在と利用法（書誌、索引、目録、OPAC、レファレンス・データベース等） 8. 自館資料の組織法と入手法（分類、請求記号等） 9. レファレンス・サービスの利用法 10. 情報探索ストラテジーの立て方 11. 他機関資料の調査と利用法 13. ブラウジングの効用	以下の事項を理解し習得する。 1. 情報整理法の意義 2. 情報内容の抽出と加工（要約、引用、パラフレイズ、抄録、翻訳、解題等） 3. メディア別の情報記録の方法（メモ・ノート法、カードの記録法、クリッピング、データベースのダウンロード、録音・録画等） 4. 発想法（ブレーンストーミング、KJ法等） 5. メディア別の情報保管法（AV資料の整理法、コンピュータによる保存管理法等） 6. 資料の分類とインデックスの作成法（キーワード、見出し語付与、ファイリング法等） 7. 書誌事項・アクセスポイントの記録法 8. 分野別・専門別の整理法	以下の事項を理解し習得する。 1. 情報表現法の意義 2. 情報倫理（著作権、プライバシー、公正利用等） 3. レポート、論文、報告書等の作成法（構成、書式、引用規則等） 4. 印刷資料の作成法（パンフレット・リーフレット・ミニコミ紙等の編集、印刷、製本の方法等） 5. AV資料の作成法（ビデオの制作・編集法等） 6. コンピュータによる表現法（グラフィック、作曲、アニメーション製作法等） 7. コンピュータによるコミュニケーションの方法（電子メール、インターネット等） 8. プレゼンテーション技法（話し方、資料の提示法—OHP、板書法、ホワイトボード、AV資料、マルチメディア等の活用） 9. 分野別の専門的な表現法
方法	関連なし	1. ポスター、ステッカー、ちらしなどの広告媒体による図書館の存在の印象づけ 2. 校内の広告媒体（学校新聞、校内放送等）による印象づけ 3. 図書館出入口付近のサインの工夫と館外から見える場所での展示 4. 地域の広報チャンネル（ミニコミ、マスコミの地方版等）の活用 5. ブックトーク	1. 新入生オリエンテーション 2. 学年別オリエンテーション 3. パンフレット、リーフレット（「利用のてびき」を含む）の配布 4. サービス案内ビデオの上映 5. AV、CAIによる双方向ディスプレイ等を利用したインフォメーション 6. 館内ツアーの実施 7. サイン計画 8. 窓口での図書館員の対応 9. 投書箱の設置 10. リクエストコーナーの設置	1. パスファインダーの用意と配布 2. 「図書館クイズ」等資料の配置を把握させるためのゲーム等の企画、実施 3. 図書館オリエンテーリングの実施 4. 独習用、集団用学習ツール（ビデオ、パソコンソフト）の製作と提供 5. 講習会の開催 6. 生徒が自由に利用できる検索システムの導入 7. 最寄りの図書館、資料館、博物館等の類縁機関、その他書店、古書店等の紹介	1. 情報の整理、加工法の独習用、集団用ツール（ビデオ、パソコンソフト）の作成と提供 2. 情報整理、加工に関する学習会および講習会の開催 3. 生徒が利用できる情報整理・加工コーナー（パンチ、ステープラー、その他情報整理、加工に必要な用具を用意。領域5の3と共用になる部分もある）の設置 4. 発想法の独習用、集団用ツール（ビデオ、パソコンソフト）の作成と提供	1. 情報表現法の独習用、集団用ツール（ビデオ、パソコンソフト）の作成と提供 2. 情報表現法に関する学習会および講習会の開催 3. 生徒が利用できる情報生産コーナー（ワープロ、コピー機、印刷機、ビデオ編集装置等を用意）の設置 4. 生徒の発表の場（発表会、討論会、展示会、展示コーナー、新聞、壁新聞、電子会議等）の設置
	関連あり	1. 授業の中で教師による図書館の意義への言及 2. 授業テーマに関連づけたブックトーク	1. 教科別オリエンテーション 2. 授業・レポートに関して、レファレンス・サービスをはじめとした各種図書館サービスが利用できることを生徒に知らせる。またそれらを利用するように教師から指導する	1. 教科の内容と関連づけて、情報探索の方法について、授業時間内に説明し、実習させる 2. テーマ別パスファインダーの提供	1. 教科の内容と関連づけて、情報整理の方法について、授業時間内に説明し、実習させる	1. 教科の内容と関連づけて、情報表現の方法について、授業時間内に説明し、実習させる
				（これらと並行して「関連なし」の方法も実施される）		
	統合	統合的な情報教育のカリキュラムに従って、図書館と教科が相互に協力して、説明し、実習させる 「問題なし」「関連あり」の段階の方法も、そのカリキュラムに従って体系的に実施される				
評価の指標例		1. 学年・クラス・個人別利用率 2. 学年・クラス・個人別貸出量 3. 授業のための科目別図書館利用時間数	1. 好感度 2. オリエンテーションの効果 3. 投書箱への意見件数 4. リクエスト件数 5. 各行事への参加者数	1. レファレンス件数 2. パスファインダー配布数 3. ツールの利用度、効果 4. 催事への参加者数	1. ツールの利用度、効果 2. 催事への参加者数 3. 情報整理・加工コーナーの活用度	1. ツールの利用度、効果 2. 各催事への参加者数 3. 情報生産コーナーの活用度

図書館における情報リテラシー教育支援サービスの目標と方法

■大学図書館版：目標・方法

図書館における情報リテラシー教育支援サービスの目標と方法

		領域1 印象づけ	領域2 サービス案内	領域3 情報探索法指導	領域4 情報整理法指導	領域5 情報表現法指導
目標		以下の事項を認識する。 1. 図書館は生活・学習・研究上の基本的な資料・情報の収集・蓄積・提供機関 2. 図書館は資料・情報の受信・発信・交流の拠点 3. 図書館は種々のメディアを提供する機関 4. 図書館は物理的な空間というより世界に開かれた情報の窓 5. 図書館は気軽・便利・快適で自由な休息と交流の場 6. 図書館は個人の知る権利を保障する社会的機関（知る権利） 7. 図書館は生涯学習を支援する開かれたサービス機関（学ぶ権利） 8. 情報活用技能の重要性 9. 図書館の種類と特徴 10. 図書館とそのサービスポイントの所在地	以下の事項を理解する。 1. 自館の特徴 2. 施設・設備の配置（分館、サービスポイントの所在地） 3. 検索ツールの配置と利用法 4. 参考図書・ツールの存在と有用性 5. 利用規定（開館時間等） 6. サービスの種類（貸出、複写、レファレンス、予約、リクエスト、情報検索、相互貸借、アウトリーチ、利用指導等） 7. 対象別サービスの存在（障害者サービス、多文化サービス等） 8. 図書館員による専門的サービスの存在（調査・研究支援） 9. 図書館員による親切丁寧な案内・援助・協力を受けられること 10. 利用マナー 11. 行事の案内（講演会、展示会、上映会、ワークショップ等）	以下の事項を理解し習得する。 1. 情報探索法の意義 2. 情報の特性 3. 情報の評価のポイント 4. 資料の基本タイプと利用法（図書、雑誌、新聞、参考図書、AV資料、CD-ROM、オンライン・データベース等） 5. アクセスポイントと使い方（著者名、タイトル、キーワード、分類記号、件名標目、ディスクリプタ等） 6. 検索ツールの存在と利用法（書誌、索引、目録、OPAC、レファレンス・データベース等） 7. サーチエイドの存在と利用法（分類表、件名標目表、シソーラス、マニュアル等） 8. 情報検索の原理（AND/OR/NOT トランケーション等） 9. 情報探索ストラテジーの立て方（一般的、専門的） 10. 自館資料の組織法と利用法（分類、請求記号等） 11. レファレンス・サービスの利用法 12. 他機関資料の調査法と利用法 13. ブラウジングの効用	以下の事項を理解し習得する。 1. 情報内容の抽出と加工（要約、引用、言い換え、抄録、翻訳、解題等） 2. 情報内容のメディア別の記録法（メモ・ノート法、カード記録法、クリッピング、データベースのダウンロード、録音録画等） 3. 情報内容のメディア別の整理法（ファイリング、コンピュータによる加工等） 4. 資料の分類とインデックスの作成法（キーワード、見出し語の付与等） 5. 書誌事項、アクセスポイントの記載法 6. 発想法（ブレーンストーミング、KJ法等） 7. 分野別・専門別の整理法 8. 情報整理法の意義	以下の事項を理解し習得する。 1. 情報倫理（著作権、プライバシー、公正利用等） 2. レポート、論文、報告書、資料の作成法（構成、書式、引用規則等） 3. 印刷資料の作成法（パンフレット、リーフレット、ミニコミ紙等） 4. AV資料の作成法（ビデオの撮影、編集法等） 5. コンピュータによる表現法（グラフィック、作曲、アニメーション等） 6. コンピュータ・ネットワークによる情報発信（電子メール、インターネット等） 7. プレゼンテーション技法（話し方、OHP、板書法、AV、マルチメディア、学会発表等） 8. 分野別の専門的な表現法 9. 情報表現法の意義
方法		1. ポスター、ステッカー、ちらしなどによる図書館の存在のアピール 2. パンフレット、リーフレットの配布 3. 大学のサイン計画（図書館までの誘導機能、図書館ゾーン、道路等） 4. 大学広報誌、地域広報誌との連携 5. パブリシティ（マスコミ利用） 6. 地域や他機関からの訪問・見学 7. 学内・地域データベースへの公開 8. 行事（展示会、講演会、コンサート等） 9. 大学ガイダンス、オリエンテーションでの図書館紹介 10. 授業の中で、教員による図書館の意義への言及 11. 会議・会合での図書館への言及 12. コンピュータ・ネットワーク（インターネット等）での案内	1. 図書館オリエンテーション 2. 案内デスク 3. 館内見学ツアー 4. 館内サイン（定点、誘導） 5. 動線計画、設備施設計画 6. 学内図書館所在地一覧 7. 配布物（パンフレット、リーフレット） 8. 案内機器（AV機器、コンピュータ） 9. 学内広報誌 10. 学内データベース 11. コンピュータ・ネットワーク（インターネット等）での案内	1. レファレンスデスクでの指導（参考業務、調査法指導） 2. ワークショップ、講習会 3. ビデオ上映会 4. 学科関連指導（授業、ゼミ） 5. 学科統合指導 6. 独立学科目 7. チュートリアル 8. ゼミ先輩による指導 9. 情報探索法独習用ツール（ビデオ、CAI等） 10. ワークブック 11. テキストブック 12. パスファインダー 13. 機器・資料の使い方リーフレット 14. 機器・資料の使い方サイン 15. 電子掲示板システム利用 16. コンピュータ・ネットワーク（インターネット等）利用 17. 学内広報誌 18. マスメディア	1. レファレンスデスクでの指導（参考業務、調査法指導） 2. ワークショップ、講習会 3. ビデオ上映会 4. 学科関連指導（授業、ゼミ） 5. 学科統合指導 6. 独立学科目 7. チュートリアル 8. ゼミ先輩による指導 9. 情報整理法独習用ツール（ビデオ、CAI等） 10. ワークブック 11. テキストブック 12. パスファインダー 13. 機器・資料の使い方リーフレット 14. 機器・資料の使い方サイン 15. 電子掲示板システム利用 16. コンピュータ・ネットワーク（インターネット等）利用 17. 学内広報誌 18. マスメディア 19. 情報整理・加工コーナー設置 20. 展示会	1. レファレンスデスクでの指導（参考業務、調査法指導） 2. ワークショップ、講習会 3. ビデオ上映会 4. 学科関連指導（授業、ゼミ） 5. 学科統合指導 6. 独立学科目 7. チュートリアル 8. ゼミ先輩による指導 9. 情報整理法独習用ツール（ビデオ、CAI等） 10. ワークブック 11. テキストブック 12. パスファインダー 13. 機器・資料の使い方リーフレット 14. 機器・資料の使い方サイン 15. 電子掲示板システム利用 16. コンピュータ・ネットワーク（インターネット等）利用 17. 学内広報誌 18. マスメディア 19. 情報生産・発信コーナー（ワープロ、パソコン、ビデオ、コピー機、印刷機等） 20. 展示会、発表会
評価の指標例		1. 新入生オリエンテーション参加率 2. 利用率（学部生、大学院生、教職員、障害者、外国人、学外者、地域住民等） 3. 一人当たり入館回数 4. 一人当たり貸出冊数	1. 好感度 2. クイック・レファレンス件数 3. 投書箱の件数 4. 催事の参加者数	1. レファレンス件数 2. パスファインダー、参考ツールの利用度 3. 情報探索法独習用ツール利用度 4. 大学構成員の情報発信度 5. 催事の参加者数 6. 研究者と図書館員の共同研究数 7. 学科目の設置率と学生満足度	1. 情報整理加工コーナー利用度 2. 情報整理法独習用ツールの利用度 3. 大学構成員の情報発信度 4. 催事の参加者数 5. 研究者と図書館員の共同研究数 6. 学科目の設置率と学生満足度	1. 情報生産発信コーナー利用度 2. 情報表現法独習用ツールの利用度 3. 大学構成員の情報発信度 4. 催事の参加者数 5. 研究者と図書館員の共同研究数 6. 学科目の設置率と学生満足度

■公共図書館版：目標・方法

	領域1　印象づけ	領域2　サービス案内	領域3　情報活用法指導
目標	以下の事項を認識する。 1. 図書館は赤ちゃんからお年寄りまでだれでも使える場 2. 図書館の利用は原則として無料 3. 図書館は生活・学習・研究上の基本的な資料・情報の収集・蓄積・提供機関 4. 図書館は種々のメディアを提供する機関 5. 図書館は気軽・便利・快適で自由な休息と交流の場 6. 図書館は生涯学習を支援する開かれたサービス機関（学ぶ権利の保障） 7. 図書館は物理的な空間というより世界に開かれた「情報の窓」 8. 図書館は個人の知る権利を保障する社会的機関 9. 図書館は資料・情報の受信・発信・交流の場 10. 図書館の種類と特徴 11. 図書館とそのサービスポイントの所在 12. 図書館は地域情報のある場 ●|子どもたちへ| ・たくさんの本があるところ ・いろいろな本があるところ ・お話し会，人形劇，紙芝居などのあるところ ●|大人たちへ| ・図書館は子どもの情緒，感性，想像力を育てる場	以下の事項を理解する。 1. 施設・設備の配置 2. 分館，サービスポイントの所在地 3. 検索ツールの配置と利用法 4. 参考図書・ツールの存在と有用性 5. 利用規定（開館時間等） 6. サービスの種類 （貸出，複写，レファレンス，予約，リクエスト，情報検索，相互貸借，アウトリーチ，利用案内，読書案内等） 7. 対象別サービスの存在 （幼児，児童，ヤングアダルト，成人，高齢者，障害者，多文化サービス等） 8. 図書館員による専門的サービスの存在 （調査・研究支援，利用指導，読書案内等） 9. 図書館員による親切丁寧な案内・援助・協力を受けられること 10. 利用マナー 11. 行事の案内 （講演会，展示会，上映会，お話し会，研修会等） 12. 子どもを取り巻く大人（保護者，教師等）へのアドバイス	以下の事項を理解し習得する。 1. 資料の基本タイプと利用法 （図書，雑誌，新聞，参考図書，行政資料，AV資料，CD-ROM，ネットワーク情報資源：インターネット等） 2. 自館資料の組織法と利用法（分類，請求記号等） 3. 検索ツールの存在と利用法 （OPAC, 書誌，索引，目録，レファレンス・データベース等） 4. アクセスポイントと使い方 （著者名，タイトル，キーワード，分類記号，件名標目，ディスクリプタ等） 5. サーチエイドの存在と利用法 （分類表，件名標目表，シソーラス，マニュアル等） 6. 情報検索の原理（AND/OR/NOT/トランケーション等） 7. 分野ごとの固有な資料の存在 8. レファレンス・サービスの利用法 9. 他機関資料の利用法 10. ブラウジングの効用 11. 情報探索ストラテジーの立て方（一般的，専門的） 12. コンピュータ等の情報機器の利用法 13. 書誌事項・アクセスポイントの記載法 14. 資料の分類とインデックスの作成法（キーワード，見出し語の付与等） 15. 印刷資料の作成法（パンフレット，リーフレット，ミニコミ紙等） 16. AV資料の作成法（ビデオの撮影，編集法等） 17. コンピュータ・ネットワークによる情報発信 （電子メール，インターネット等） 18. 情報倫理（著作権，プライバシー，公正利用等）

	領域1　印象づけ	領域2　サービス案内	領域3　情報活用法指導
方法	1. ポスター，ステッカー，ちらしなどによる図書館の存在のアピール 2. 地域，行政機関等の広報媒体による図書館紹介・行事案内・資料（新着書等）紹介 （行政広報誌，図書館報，学校新聞，学級新聞，PTA広報誌，ホームページ等） 3. 図書館の位置を知らせるサイン 4. マスメディアによる図書館紹介・ニュース（パブリシティ） 5. 地図・案内図への記載 6. 行事（展示会，講演会，コンサート，お話し会，人形劇，ビデオ上映会等） 7. 学校訪問での図書館紹介（新1年生への利用案内等） 8. 学校の公共図書館見学奨励 9. ブックトーク 10. 児童へのフロアーワーク （語りかけ，読み聞かせ，各種キャラクターの活用等） 11. 館内装飾 12. 本の視覚的アピール 13. コンピュータ・ネットワーク（インターネット等）利用	1. パンフレット・リーフレット （図書館利用の手引き，館報，館内配置図，図書館所在地一覧，サービス別案内，拡大文字・点字・外国語で記された案内等） 2. 案内ビデオ（字幕付，外国語等） 3. 館内サイン（定点，誘導） 4. 障害者用サイン（点字施設表示，音声ガイド，筆談サイン等） 5. 障害者用利用案内（録音テープ等） 6. 紙芝居による図書館案内 7. 利用者別オリエンテーション 8. 図書館招待（幼稚園児，保育園児，児童・生徒，地域のグループ等） 9. 館内ツアー 10. クイック・レファレンス（案内デスク，フロアワーク等） 11. コンピュータ・ネットワーク（インターネット等）による図書館サービスの案内 12. ブックリスト，資料目録の配布 13. 教師，保護者への利用案内 14. 一日図書館員プログラム 15. 出張お話し会，ガイダンス	1. 講習・講習・研修会の開催 （特定情報の探し方，インターネットの使い方，特定分野に関するCD-ROM，コンピュータを利用したプレゼンテーション技法，外部データベース利用のガイダンス等） 2. 独習用ツールの設置 （ビデオ，CD-ROM，ワークブック，テキストブック等） 3. パンフレット，リーフレットの配布 （文献リスト，機器・資料の使い方マニュアル，パスファインダー等） 4. 機器・資料の使い方の掲示 5. 電子掲示板システムの利用 6. コンピュータ・ネットワークを利用したガイダンス（インターネット等） 7. マスメディアを利用したガイダンス（テレビ番組，ラジオ番組，新聞記事等） 8. 情報生産・発信コーナーの設置（ワープロ，コピー機，ビデオ編集機，コンピュータ等） 9. 発表の場の設定（発表会，展示会，展示・掲示コーナー，新聞，投書箱，電子会議等） 10. レファレンスでの個別ガイダンス 11. 図書館を取り巻く団体への講演・講習・研修会実施 （地域文庫，点訳サークル，音訳サークル等） 12. 障害者へのニューメディア紹介と利用ガイダンス （点訳パソコン，音声メディア，字幕付ビデオ等） 13. タイムリーな資料展示（文学賞受賞展示，追悼展示等） 14. 他機関・団体主催の講習・研修会等への出張

図書館における情報リテラシー教育支援サービスの目標と方法

■専門図書館版：目標・方法

	領域1 印象づけ	領域2 サービス案内	領域3 情報探索法指導	領域4 情報整理法指導	領域5 情報表現法指導
目標	以下の事項を認識する。 1. 図書館は生活・研究調査・学習研修・業務実行上の基本的な資料・情報の収集・蓄積・提供の機能を果たす部門 2. 図書館は資料・情報の受信・発信・交換・交流の拠点 3. 図書館は種々のメディアを提供する部門 4. 図書館は物理的な空間というよりは、世界に開かれた「情報の窓」 5. 図書館は気軽・便利・快適で自由な休息と交流の場 6. 情報活用技術の重要性 7. 図書館の種類と特徴。特に業務関連の図書館や類縁機関の存在について 8. 図書館とそのサービスポイントの所在地	以下の事項を理解する。 1. 自館の特徴 2. 施設・設備の配置（機関内外のサービス拠点の所在地等） 3. 検索ツールの配置と利用法 4. 参考図書・ツールの存在と有用性 5. 利用規定（開館時間等） 6. サービスの種類（貸出、複写、レファレンス、発注、予約、情報検索、相互貸借、利用指導等） 7. 対象別サービスの存在（障害者サービス、外国人向けサービス、役員向け、部門別等） 8. 図書館員による専門的サービスの存在（調査・研究支援あるいは営業活動支援等） 9. 図書館員による親切丁寧な案内・援助・協力等を受けられること	以下の事項を理解し習得する。 1. 情報探索法の意義 2. 情報の特性 3. 情報の評価のポイント 4. 資料の基本タイプと利用法（図書、雑誌、新聞、参考図書、AV資料、CD-ROM、オンライン・データベース等） 5. アクセスポイントと使い方（著者名、タイトル、キーワード、分類記号、件名、ディスクリプタ等） 6. 検索ツールの存在と利用法（書誌、索引、目録、OPAC、レファレンス・データベース等） 7. 検索補助ツールの存在と利用法（分類表、件名標目表、シソーラス、マニュアル等） 8. 情報検索の原理（AND/OR/NOTトランケーション等） 9. 情報探索戦略の立て方（一般的、専門的） 10. 自館資料の組織化と利用法（分類、請求記号、発注票、予算・費目等） 11. レファレンス・サービスの利用法と限界 12. 社外・他機関情報・資料の調査法と利用法 13. ブラウジングの効用	以下の事項を理解し習得する。 1. 情報内容の抽出と加工（要約、引用、言い換え、抄録、翻訳、解題、解説、転載等） 2. 情報内容のメディア別記録法（メモ・ノート法、カード記載法、クリッピング、データベースのダウンロード、録音録画等） 3. 情報内容のメディア別整理法（ファイリング、コンピュータによる加工法等） 4. 資料の分類とインデックスの作成法（キーワード、見出し語の付与、分類法等） 5. 書誌事項、アクセスポイントの記述法 6. 発想法（ブレーンストーミング、KJ法、NM法等） 7. 分野別・専門別の整理法 8. 情報整理法の意義	以下の事項を理解し習得する。 1. 情報倫理（著作権、プライバシー、公正利用等） 2. レポート、論文、報告書、資料の作成法（構成、書式、引用規則等） 3. 印刷資料の作成法（パンフレット、リーフレット、ミニ新聞等） 4. AV資料の作成法（ビデオの撮影、編集法等） 5. コンピュータによる表現法（グラフィック、作曲、アニメーション等） 6. コンピュータ・ネットワークによる情報発信（電子メール、インターネット等） 7. プレゼンテーション技法（話し方、OHP、板書法、AV、マルチメディア、学会発表等） 8. 分野別の専門的な表現法 9. 情報表現法の意義
方法	1. ポスター、ステッカー、チラシ、下敷などによる図書館の存在のアピール 2. パンフレット、リーフレットの配布 3. 敷地のサイン計画（図書館までの誘導機能、図書館エリア、道路・通路など） 4. 企業広報誌、業界広報誌との連携 5. パブリシティ（新聞、雑誌、テレビ、ラジオなどマスコミの利用） 6. 業界や他社・他機関からの訪問、見学への対応（パブリシティの一つとして配慮する） 7. 社内・業界・研究団体データベースへの公開（社内と社外は区別することが重要） 8. 行事（展示会、講演会、業務発表会等） 9. 入社ガイダンス、社員研修での図書館紹介 10. 役職者・経営者による図書館利用、情報活用への言及 11. 会議・会合・研究会・業務成果発表会での図書館利用への言及 12. コンピュータ・ネットワーク（インターネット、イントラネット等）を使った案内	1. 図書館オリエンテーション 2. 案内カウンター 3. 図書館見学ツアー 4. 館内サイン（定点・誘導） 5. 動線計画、施設設備計画 6. 社内図書館所在案内（一覧） 7. 配布物（電子資料を含む。パンフレット、リーフレットなど） 8. 案内機器（AV機器、コンピュータ） 9. 広報誌、社内報 10. 社内データベース 11. インターネットを含むコンピュータ・ネットワークの利用案内	1. レファレンスデスクでの指導（参考業務、調査法指導） 2. ワークショップ、講習会 3. ビデオ上映会 4. 部署別指導・研修 5. 職種別指導・研修 6. プロジェクト別指導 7. OJTの実習場所提供 8. 情報探索法独習用ツール（ビデオ、CAI、CD-ROM等） 9. ワークブック 10. テキストブック 11. パスファインダー 12. 機器・資料の使い方案内リーフレット 13. 機器・資料の使い方サイン計画 14. 電子掲示板システム利用 15. コンピュータ・ネットワーク利用 16. 社内広報誌 17. マスメディア	1. レファレンスデスクでの指導（参考業務、調査法指導） 2. ワークショップ、講習会 3. ビデオ上映会 4. 部署別指導・研修 5. 職種別指導・研修 6. プロジェクト別指導 7. チュートリアル（個人指導） 8. OJTの実習場所提供（職場の先輩による指導） 9. 情報整理法独習用ツール（ビデオ、スライド、実習キット、CD-ROM等） 10. ワークブック 11. テキストブック 12. パスファインダー 13. 機器・資料の使い方リーフレット 14. 機器・資料の使い方サイン計画 15. 電子掲示板システム利用 16. コンピュータ・ネットワーク利用 17. 社内広報誌（社内報） 18. マスメディア 19. 情報整理・加工用品と機器のコーナー設置 20. 展示会	1. レファレンスデスクでの指導（参考業務、調査指導） 2. ワークショップ、講習会 3. ビデオ上映会 4. 部署別指導・研修 5. 職種別指導・研修 6. プロジェクト別指導 7. チュートリアル（個人指導） 8. OJTの実習場所提供（職場の先輩による指導） 9. 情報表現法独習用ツール（ビデオ、スライド、実習キット、CD-ROM等） 10. ワークブック 11. テキストブック 12. パスファインダー 13. 機器・資料の使い方リーフレット 14. 機器・資料の使い方サイン計画 15. 電子掲示板システム利用 16. コンピュータ・ネットワーク利用（インターネット、イントラネットなど） 17. 社内広報誌（社内報） 18. マスメディア 19. 情報生産・発信コーナー（ワープロ、パソコン、ビデオ、コピー機、印刷機等） 20. 展示会、発表会

評価の指標例	1. 入社ガイダンスへの図書館利用・情報活用プログラム導入率 2. 利用率（部署別，職種別，管理職・役員） 3. 一人当たり利用回数 4. 一人当たり貸出し冊数	1. 好感度（%） 2. クイック・レファレンス件数 3. 投書箱の件数 4. 催し物，行事の参加者数 5. サービス内容別利用回数	1. レファレンス件数 2. パスファインダー，参考ツールの利用件数 3. 情報探索法独習ツール利用度 4. 社員の情報発信度 5. 行事の参加者数 6. 新製品開発数（特許出願件数）	1. 情報整理・加工コーナー利用度 2. 情報整理法独習用ツールの利用度 3. 社員の情報発信度（社内外での発表） 4. 催し物・行事の参加者数 5. 新製品開発数（特許出願件数）	1. 情報整理・加工コーナー利用度 2. 情報整理法独習用ツールの利用度 3. 社員の情報発信度（社内外での発表） 4. 催し物・行事の参加者数 5. 新製品開発数（特許出願件数）

出典：日本図書館協会図書館利用教育委員会編『図書館利用教育ガイドライン合冊版―図書館における情報リテラシー支援サービスのために』日本図書館協会，2001年

索　引

aid to readers　21,25
AND 検索　38
BSH　73
CiNii Articles　38,39,53,56
CiNii Books　48,49,56
CUD　80
DAISY　85
DC-NDL　75
DialogNews　54
Dnavi 国立国会図書館データベース・ナビゲーション・サービス　76
DRS　101
e-Gov　62
EYE マーク　90
e ラーニング　24
FRED　80,81
Google Earth　61
Google Map　61
Google Scholar　53,56
ILL　48,49,74,89
INFOSTA　102
JAIRO 学術機関リポジトリポータル　76
JIS X 8341-3　79,80,85
KJ 法　112,116
LASDEC　62
MARC　75
NACSIS-CAT　48,76
NCR　73
NDC　73,74,81
NDL　53,61,75,76
NDL-OPAC　46,47,106,107
　　──雑誌記事索引　53
NDL-Search　50
NII　48
NOT 検索　38,39
OCLC　48
OCLC Connexion　48
OECD iLibrary　61
Off-JT　102
OJT　102
OPAC　47,56,108,112,114,116
OR 検索　38,39
Project Gutenberg　49
Q&A サイト　101
SDI サービス　13,81

URL　60
W3C（World Wide Web Consortium）　80
WCAG2.0　80
Web JIS　80
Web アクセシビリティ　79
Web コンテンツ JIS　80
Web ユーザビリティ　80
WorldCat　48
Yahoo!百科事典　61

|あ|
アウトリーチ　78,79,112
青空文庫　49,75
アクセスポイント　73,112,113,116
案内型ツール　44,45
意匠権　87
移動図書館　78
『岩波＝ケンブリッジ世界人名事典』　70
インターネット　6,8,29,93,100,112,114-116
インタビュー　10,27,34
『ウィークリー出版情報』　74
遠隔学習　24
横断検索　47,75,76
オープンアクセス　52,56
大宅壮一文庫雑誌記事索引　55,56
おもてなし　33,34
音声 DAISY 図書　84
音声読み上げソフト　80

|か|
解題書誌　46
回答型ツール　44,45
回答除外　36,37
回答制限　36
カウントアウェアネスサービス　13,81
学術雑誌　52
『角川日本地名大辞典』　69
神奈川県立川崎図書館　16
カラーユニバーサルデザイン　80
間接サービス　12
完全一致検索　41
機関リポジトリ　76
聞蔵Ⅱビジュアル　54
記述目録作業　72
『基本件名標目表』　73

教育機能　20,24,37
共同保存　74
郷土資料　98
クイックレファレンス　28,112,115,117
クリエイティブコモンズ　90
グリーン, サミュエル　18,25,30
健康・医療情報コーナー　16
健康・医療問題支援　16
検索技術者検定　102,103
　　　──の試験領域　103
検索式　40
検索ノイズ　42,43
検索もれ　42,43
件名標目　72,73
『広漢和辞典』　67
公共図書館パスファインダーリンク集　82,96
公衆送信権　89
『講談社日本人名大辞典』　70
後方一致検索　41
公立図書館の設置及び運営上の望ましい基準　94
『國史大辞典』　68
国立国会図書館　46,47,53,61,65,75,82
　　　──近代デジタルアーカイブ　63
　　　──サーチ　50,75
　　　──ダブリンコアメタデータ記述　75
国立国会図書館法　46
国立情報学研究所　48
個人情報漏えい　8
コーチング　34
国会会議録検索システム　61
コミュニケーション　7
『これからの図書館像：地域を支える情報拠点をめざして（報告）』　94
コンテンツシートサービス　14
コンピュータ　6,8

| さ |

再現率　42,43
最小理論　22
最大理論　22
索引　112,114,116
サーチエンジン　59,95
査読　52
産業財産権　87
参考質問　33
参考図書　10,17,44,100
視覚障がい　84
自館作成書誌　15
『字通』　67
実用新案権　87

『市民の図書館』　24
ジャパンナレッジプラス　61
自由利用マーク　90
自由理論　21,22,25
主題　72
　　　──書誌　45
　　　──分析　72,73
　　　──目録作業　72
出版デジタル機構　99
『出版年鑑』　74,76
ショアーズ, ルイス　19
商号　86
肖像権　88
商標権　86,87
情報格差　93,94
情報過多　8
情報活用能力　8
情報科学技術協会　102
情報公開制度　8
情報洪水　8
情報サービス　10,19,25
情報社会　7,25
情報提供機能　20,24,37
情報伝達　6
情報のユニバーサルデザイン　78,79
情報爆発　8
情報発信　79
情報リテラシー　8,24,59,92,93,95,96,101,102
　　　──教育　92-94,96
情報倫理　112,113
書誌　44,45,112,114,116
　　　──記述　72
　　　──情報　45
書誌的ツール　44
書誌の書誌　46
書誌ユーティリティ　48,76
手話ロボット「オアフ君」　85
『新刊情報』　74
新着図書通知案内　111
新着図書通知サービス　81
人的援助　25
人的サービス　12
『新版世界地名辞典　西洋編』　69
『新版世界地名辞典　東洋編』　69
人物書誌　46
『人物レファレンス事典』　70
新聞記事データベース　54,56
新聞ライブラリー　54
精度　42,43
政府統計の総合窓口「e-Stat」　61

整理業務　72,73,76
世界書誌　46
『世界大百科事典』　66
『世界歴史大辞典』　68
接遇　33
全国書誌　46
選択書誌　45
前方一致検索　41
総合目録　48
組織化　72-74,76

|た|
大学図書館間協力における資料複製に関するガイドライン　89
『大漢和辞典』　67
滞在型図書館　78
代替テキスト　80,85
ダブリンコア・メタデータ・エレメント・セット　75
知的財産基本法　86
知的財産権　86,88
地方自治情報センター　62
チャイルド，ウィリアム　22
中間一致検索　41
中間理論　21,22
直接サービス　12
著作権　50,86,89,112,113,115
著作権法　89
著作者人格権　89
帝国議会会議録システム　62
ディスレクシア　84
ディナ，ジョーン　21,22
適合データ　42
適合率　42
デジタルアーカイブ　62
デジタルデバイド　93
デジタルレファレンスサービス　101
データベース　10,36
デューイ，メイヴィル　21,22
電子ジャーナル　8,52,56,98
電子書籍　8,24,75,84,99
電子政府の総合窓口　イーガブ　62
電子図書館　49
点字　110,115
東京都立図書館統合検索　109
読字障がい　84
読書相談　14
図書館間相互貸借　48,74
図書館精神　106
図書館における情報リテラシー教育支援サービスの目標と方法　112

図書館利用教育　14,92
　　　──ガイドライン　94,95
特許権　86,87
ドメイン　60
トランケーション　40,112,114,116

|な|
中田邦造　9,105
ニーズ　10,33,99,104
『2005年の図書館像』　24
日経テレコン　54
『日本国語大辞典』　66
『日本語大シソーラス』　68
『日本十進分類法』　73
日本障害者リハビリテーション協会　85
『日本全国書誌』　46
『日本大百科事典』　58,66
『日本の参考図書』　76
『日本の参考図書・四季版』　74
日本法令索引　62
日本法令索引（明治前期編）　62
『日本目録規則』　73
ニュースサイト　54
ネット中毒　8
ネット犯罪　8
ネットワーク情報資源　59,60,98
能動的情報提供サービス　13
納本　75
　　　──制度　46,47

|は|
灰色文献　75,76
ハイブリッド図書館　98,99
場所としての図書館　78,79
パスファインダー　10,15,82-85,93,95,96,111,113-117
発信型情報サービス　78,81,82
発想ひまわり　32
発想法　112,116
ハッチンス，マーガレット　22,25
ハート，S. マイケル　49
場の演出機能　78
パブリシティ権　88
パブリックドメイン　90
ハーベスティング　76
ビジネス支援　16
ビジネス支援室　16
ビジネスマナー　30
ビショップ，ウィリアム　18,21,22
ヒット　42,47
百科事典　66

百科事典型ツール　44
ファーストオーサー　47
福井県立図書館　82,85
ブックモビル　78
物的援助　25
物的サービス　12
部分一致検索　41
ブール演算　38
フレッド　80,81
ブレーンストーミング　112,116
ブログ　8,79
文化の継承　104
分担収集　74
分類記号　72,73,116
分類法　72
法律問題支援　16
法令データ提供システム　61
保守理論　21,22,25
補助的ツール　66
ホスピタリティ　33
ボーンデジタル　100
本の宅配　78
翻訳書誌　46

ま

毎索　54
マインド　30,33
マコームズ，チャールズ　21,22
マナー　30
マルチメディアDAISY図書　84,85
無体財産権　86
メタデータ　75,76
メールマガジン　81
目録　44,46,72,112,114,116
問題解決支援サービス　12,16
問題利用者　36

や

山口県産業技術センターコレクション　16
山口県立山口図書館　84
ゆにかねっと　国立国会図書館総合目録ネットワーク　75,76
ヨミダス歴史館　54

ら

ライブラリアンシップ　9
リーフレット　82
利用案内　14
利用者支援　21
レファレンスインタビュー　14,27,33-35,
レファレンスカウンター　15
レファレンス協同データベース　65,95
レファレンスコーナー　74
レファレンスコレクション　14,74
レファレンスサービス　13,17,20,25-27,32,93,101, 112-114
レファレンス処理　19
レファレンス事例集　65
レファレンスツール　15,36,44,58
レファレンスブック　14,15,17,44,59,64
レファレンスプロセス　27,58
レファレンスライブラリアン　15,27,32,36,59
レファレンス・利用者サービス協会　19
レファレンス"力"　29
レファレンスワーク　18,26
レフェラルサービス　13,54
ロースティーン，サミュエル　19,21,22
論理演算　38
論理演算子　40
論理差　38,39
論理積　38
論理和　38,39

わ

ワイヤー，ジェームズ　21,22,25

<監修>
二村　健　明星大学教育学部教授

<編著者>
竹之内　禎（たけのうち・ただし）第1章1節，第6章1・2節，第12章1-3・5節
法政大学文学部哲学科卒業，図書館情報大学（現筑波大学）情報メディア研究科博士後期課程修了，博士（情報学）。東京大学大学院情報学環助手，特任講師，客員研究員を経て，現在，東海大学課程資格教育センター准教授。
主な著書：『情報倫理の思想』（NTT出版・共編著，2007年），『ドイツの図書館』（日本図書館協会・共訳，2008年）ほか

<著　者>
河島　茂生（かわしま・しげお）第1章2・3節
聖学院大学准教授，明治大学兼任講師

鈴木　亮太（すずき・りょうた）第2章
法政大学兼任講師，二松学舎大学ほか非常勤講師

中山　愛理（なかやま・まなり）第3章
大妻女子大学専任講師

二村　健（にむら・けん）第4章
明星大学教授

吉田　隆（よしだ・たかし）第5章
神奈川大学国際経営研究所客員研究員，東海大学ほか非常勤講師

西田　洋平（にしだ・ようへい）第6章3・4節，第7章2-5節，第8章
東京薬科大学非常勤講師

千　錫烈（せん・すずれつ）第7章1節，第9章1節
関東学院大学准教授

竹之内明子（たけのうち・あきこ）第9章2・3節
元東京大学駒場図書館司書

坂本　俊（さかもと・しゅん）第10章
安田女子大学助教

藤倉　恵一（ふじくら・けいいち）第11章
文教大学越谷図書館司書

氣谷　陽子（きたに・ようこ）第12章4節
放送大学客員准教授

長谷川昭子（はせがわ・あきこ）第13，15章
法政大学兼任講師，日本大学ほか非常勤講師

髙田　淳子（たかだ・じゅんこ）第14章
神奈川県立図書館司書

（※執筆順，所属は2015年3月現在）

［ベーシック司書講座・図書館の基礎と展望4］
情報サービス論

2013年10月13日　第1版第1刷発行	監　修　二村　健
2016年1月30日　第1版第3刷発行	編著者　竹之内　禎

発行者　田中　千津子　　〒153-0064　東京都目黒区下目黒3-6-1
　　　　　　　　　　　　電話　03（3715）1501代
発行所　株式会社　学文社　FAX　03（3715）2012
　　　　　　　　　　　　http://www.gakubunsha.com

©Tadashi Takenouchi 2013

印刷　新製版

乱丁・落丁の場合は本社でお取替えします。
定価は売上カード，カバーに表示。

ISBN978-4-7620-2194-7